Jahresausklang in Travemünde
Wellengeflüster an der Ostsee

von Brina Stein

Roman

Besuchen Sie uns im Internet:
www.verlagshaus-el-gato.de

Taschenbuchausgabe

1. Auflage März 2018

Alle Rechte vorbehalten.

Das Werk darf - auch teilweise - nur mit Genehmigung des Verlages wiedergegeben werden.
Umschlaggestaltung: Attila Hirth
Bildnachweis:
Autorenfoto: madle-fotowelt
Fotos: Eigentum Brina Stein
Das Cover entstand unter Verwendung: Bildern von iStockphoto
Satz: Verlagshaus el Gato
Lektorat: Kathrin Andreas, Andrea el Gato
Printed in Europe
ISBN: 978-3-946049-22-7
eISBN: 978-3-946049-19-7

Jahresausklang in Travemünde
Wellengeflüster an der Ostsee

Brina Stein

Verlagshaus el Gato

Gewidmet meinem Heimathafen Travemünde, in den ich immer wieder gern zurückkehre.

Prolog

Es war Heilig Mittag kurz nach 13 Uhr, und der Himmel über dem Ostseebad Travemünde war diesig. Mecki und Kraki, ein Travemünder Möwenpaar, flogen in Richtung Alter Leuchtturm. Äußerlich waren sie nur durch ihre Größe zu unterscheiden. Kraki, das Männchen, war nur wenige Zentimeter größer als seine Möwenfrau Mecki. Beide lebten schon seit zwanzig Jahren im Ostseebad Travemünde. In Kürze würde traditionell der Weihnachtsmann mit dem Christkind in einer Kutsche vorgefahren kommen. Rund um den Turm hatten sich schon viele Menschen gruppiert. Sie vertrieben sich die Wartezeit mit heißem Glühwein, der an diesem nebligen und kalten Mittag wunderbar wärmte. Auch ein Stand mit Bratwürstchen vom Schwenkgrill war aufgebaut worden. Mecki und Kraki nahmen auf einem Baum gegenüber des Leuchtturms Platz und starrten auf die Menschenmasse hinunter. „Von Jahr zu Jahr versammeln sich hier immer mehr

Menschen", befand Kraki und bestätigte das mit einem, so typisch für ihn, lauten Krakeel. Keiner der Menschen blickte zu ihm hinauf. Möwengeschrei gehörte zur Ostsee wie der Klang der Wellen, wenn sie an den Strand rollten.

„Ja, und von Jahr zu Jahr bringen mehr Menschen ihre Getränke selbst mit", meckerte Mecki und deutete auf eine Gruppe, die allesamt große Rucksäcke mithatten und aus diesen gerade eifrig Flaschen ausluden. Sie schüttelte mit ihrem kleinen Kopf.

„So teuer ist der Glühwein nun auch nicht", gab Kraki ihr recht.

Mecki pflichtete ihm mit ihrem berühmten Laut bei, der sich in Menschenohren wie „naknaknak" anhörte, ein eindeutiges Meckern, dann setzte sie nach: „Nein, in den letzten drei Jahren wurden die Preise für den Glühwein nicht erhöht. Das wird die Jungs von der ‚Lübeck und Travemünde Tourismus GmbH' nicht erfreuen."

„Was machen wir nachher noch?", wollte Kraki wissen, schaute seine Frau an und schüttelte unternehmungslustig die Flügel.

Mecki blinzelte ihn schelmisch an: „Wir könnten zum Ortseingangsschild fliegen und schauen, wer von den Stammgästen mal wieder in letzter Minute anrollt."

„Oh, ja", freute sich Kraki, „aber vorher vernichten wir noch ein paar Brocken Fisch im Hafen, ja?"

„Grandiose Idee", erwiderte Mecki, die immer Hunger hatte, und schrie vor Freude laut auf. Beim Thema Fisch war sich das Möwenpaar immer einig.

„Heute Morgen waren viele Menschen bei den Fischern. Bestimmt liegen noch ein paar schöne Reste herum", wusste Kraki zu berichten. Mecki nickte. In diesem Moment setzte der Posaunenchor ein. Fast unbemerkt von der Menschentraube hatte er Aufstellung genommen. Die Menge schien sich noch dichter um den Leuchtturm zu drängen. Kurz wurde die Aufmerksamkeit allerdings von einer der großen weißen Fähren in Anspruch genommen, die sich langsam an der Nordermole vorbei in Richtung Hafen schob. Mecki sah zur Uhr hinüber und meinte: „Hucki ist heute aber früh dran."

Natürlich kannten die Möwen den kompletten Fahrplan aller Schiffe in- und auswendig. Sie hatten ihnen im Laufe der Zeit Spitznamen gegeben. „Hucki" hieß im wahren Leben ‚Huckleberry Finn'. Kurz sahen die Vögel zu dem beleuchteten Weihnachtsbaum hinauf, der oben auf dem Bug der Fähre stand, als plötzlich die ersten Takte von „Alle Jahre wieder" erklangen. Einige Menschen begannen laut mitzusingen, andere summten nur leise vor sich hin. Pferdehufe dröhnten auf dem Asphalt. Im nächsten Moment bog eine festlich geschmückte offene Kutsche um die Ecke. Sie war liebevoll mit Tannengrün dekoriert. In das Grün waren rote Schleifen geflochten und auch die Halfter der zwei Pferde zierte weihnachtlicher Schmuck. In der Kutsche saßen der Weihnachtsmann und das Christkind. Huldvoll winkten sie der Menge zu, die frenetisch applaudierte. Missbilligend schaute Mecki vom Baum hinunter, unter welchem die Kutsche zum Halten kam.

„Lieber Himmel, das diesjährige Christkind hat ja kaum etwas an. Die muss doch frieren! Und schau dir mal diese albernen angeklebten Flügel auf dem Rücken an." Kraki seufzte.

„Ist was?", wollte Mecki von ihrem Mann wissen.

„Ja", sagte dieser.

„Was denn?", hakte Mecki nach.

Kraki stöhnte auf: „Jedes Jahr, also wirklich jedes Jahr, sagst du diesen Satz, Schatz." Mecki sah Kraki überrascht an.

„Und als nächstes beschwerst du dich, dass der Weihnachtsmann dieses Jahr noch dicker ist als letztes." Mecki sah wieder zur Kutsche hinunter und betrachtete den wirklich sehr fülligen Mann, der sich in seinem Kostüm nur mühsam von der Kutsche hievte, um dann aber galant seine Hand dem Christkind zu reichen.

„Stimmt aber", lachte Mecki laut auf.

Kraki begann lauthals vor Vergnügen zu kreischen und Mecki stimmte nicht leiser mit ein. Das Christkind, das schon jetzt bitterlich in seinem Kostüm fror, blickte zu den Vögeln hinauf und meinte zu ihrem Opa, der den Weihnachtsmann spielte: „Dass die blöden Möwen immer so schreien müssen. Das nervt voll."

„Reiß dich zusammen und lächle, Annekathrin, ein Christkind strahlt und schimpft nicht."

Die Vögel hatten genug gehört. Sie waren sauer. Auch wenn sie Möwen waren, mussten sie sich wohl kaum am Heiligen Abend vom Christkind beleidigen lassen. Beinahe lautlos erhoben sie sich in die Lüfte und flogen über die Köpfe der Menschen hinweg in

Richtung Fischereihafen. Mecki konnte sich nicht verkneifen, einen kleinen Möwengruß von oben in die Kutsche fallen zu lassen. Da hatte das brave Christkind später noch was von. Kraki grinste, so kannte er seine Frau. Im Fischereihafen angekommen, fanden sie tatsächlich mühelos noch ein paar Reste, die den Gästen von den Fischbrötchen gefallen waren. Ein paar kleine Krabben, einige Stückchen Aal und Mecki fand sogar hinter einer Fischbude ein ganzes Stück Dorschfilet. Nachdem sie sich satt gefressen hatten, flogen sie müde zum Ortseingangsschild, an dem die Bundesstraße einmündete. Eine Weile beobachteten sie die ankommenden Autos. Viele Nummernschilder kannten sie. Bei manchen Kennzeichen waren sie erfreut, bei anderen stöhnten sie genervt auf.

„Die gleichen Leute wie immer zu Weihnachten und Silvester", befand Mecki schließlich.

„Ja, die gleiche Prozedur wie immer", antwortete Kraki und gab seiner Frau mit seinem gelben Schnabel ein Küsschen.

„Wir werden auch dieses Jahr unser Bestes geben", meinte Mecki und setzte nach: „Auf in den diesjährigen Jahresausklang!" Ein lautes begeistertes Geschrei kam als Antwort von Kraki.

Stille Nacht, heilige Nacht ...

Die digitale Uhrzeitanzeige am Turm des Strandbahnhofs Travemünde zeigte genau 12 Uhr 50 als Hans-Hugo seinen schwarzen Phaeton mit quietschenden Reifen direkt vor dem Eingang zum Halten brachte. Josef gab einen erleichterten Laut von sich und sah seinen Freund strafend von der Seite an, doch dieser war schon aus dem Auto gesprungen. Sie waren zu spät; mindestens zehn Minuten. Langsam stieg auch Josef aus dem Auto. Genau in diesem Moment öffnete sich die wuchtige alte Holztür des Bahnhofs und Landfrau Rita stürmte heraus. „Hans-Hugo", schrie sie aus Leibeskräften und stürmte auf ihn zu. Die Freunde tauschten eine innige Umarmung aus.

„Es tut mir leid", japste Hans-Hugo nach Luft, „an der Priwallfähre war die Hölle los, ich musste zwei Fähren warten, scheint eine Massenflucht zum Jahresausklang zu sein."

„Egal, da seid ihr ja", verzieh Rita schnell und musterte

ihn unauffällig von der Seite. Sie hatte ihn seit August, als er zu Inas und Bastis Hochzeit nach Wülferode gekommen war, nicht mehr gesehen. Sie fand, dass er immer besser aussah, je länger sie sich kannten und das, obwohl er die 70 Jahre längst überschritten hatte. Das waren nun schon zwei Jahre. Neugierig blickte sie sich auf dem Bahnhofsvorplatz um. Direkt vor sich sah sie einige Parkplätze und daneben zahlreiche Bushaltestellen. Es herrschte reger Betrieb und als sie die Straße hinunterblickte, konnte sie neben wunderschönen alten Häusern das Meer erahnen. Riechen konnte sie es jedenfalls schon. Gierig sog sie den Duft von Salz ein.

„Hallo Rita", sagte Josef und kam auf die Landfrau zu. Er drückte sie innig. Herzlich erwiderte sie seine Umarmung. Dann begann sie sich umständlich eine Zigarette anzuzünden. „Wo ist Rosi?", wollte Josef wissen. Rita deutete auf das Gebäude des Bahnhofs. Hans-Hugo und Josef traten ein und nach kurzer Zeit kamen sie zusammen mit einem voll beladenen Gepäckwagen und Rosi wieder hinaus.

„Zieht ihr nach Travemünde um?", fragte Hans-Hugo aufgrund der Gepäckmenge und grinste. Dabei lud er mühelos die zahlreichen Koffer in seinen Wagen ein. Rita lächelte und drückte ihre Zigarette in einem der Aschenbecher aus, die den Bahnhofsvorplatz säumten. Als Hans-Hugo die Beladung beendet hatte, riss er die Türen seines Wagens zu den Rücksitzen auf und meinte galant wie er stets war: „Die Damen dürfen Platz nehmen."

„Hans-Hugo, das ist ja eine Limousine, mir fehlen die Worte", sagte Rosi und schaute schüchtern auf das beige, teure Leder der Sitze. Währenddessen ließ sich Rita ohne einen Kommentar auf dem Rücksitz nieder und man merkte, dass ihr sehr gefiel, was sie sah. Hans-Hugo wendete den Wagen und sie fuhren die Bertlingsstraße hinunter. Als Hans-Hugo nach rechts abbog, kreischte Rita: „Rosi, schau mal, das Meer." Sie konnten einen Teil der Strandpromenade von Travemünde einsehen und trotz des Nebels war es möglich, den gegenüberliegenden Priwall und ein wenig Ostsee schemenhaft zu erkennen.

„Da links die Promenade, rechts das Afrosa-Hotel", mimte Hans-Hugo den Reiseführer.

„Und direkt vor uns liegt euer Hotel, das Meeritim", ergänzte Josef schon wesentlich besser gelaunt.

„Huch, das ist ja viel höher als ich gedacht habe", staunte Rita.

„Es beherbergt immerhin das höchste Leuchtfeuer Europas", klärte Hans-Hugo auf.

Rita starrte auf das Hotel, das sich wie ein Klotz über der Ostsee erhob. Sie freute sich schon auf ihr Zimmer, das ihr hoffentlich in einer hohen Etage einen schönen Ausblick bieten würde. Josef blickte sich im Wagen um und suchte Rosis Blick. Diese strahlte ihn an. Bei der Hochzeit im vergangenen August waren sie sich nähergekommen und Josef hatte sie seitdem zweimal in Wülferode besucht. Noch immer war es nur Freundschaft. Im Alter ging man die Sachen langsamer an, erst recht, wenn man über 70 war. Doch Josef war trotz seiner Schüchternheit entschlossen, langsam Nägel mit Köpfen zu machen. Rosi war Anfang 60 und seitdem er sie vor zwei Jahren kennenlernte, war er heimlich in sie verliebt. Als Hans-Hugo den Wagen die steile Auffahrt zum Meeritim hinauflenkte, flogen zwei Möwen über sie hinweg. Trotz der geschlossenen Fenster konnten sie die Vögel laut kreischen hören.

„Und endlich wieder Möwen", freute sich Rosi, „ja, jetzt sind wir wirklich am Wasser." Rita schüttelte mit dem Kopf und zeigte Rosi einen Vogel. „Auf der Weltreise hast selbst du Möwen fotografiert", gab Rosi sichtlich beleidigt zurück.

„Ja, wenn sonst nichts zu sehen war", antwortete Rita und sprang unternehmenslustig wie ein junges Mädchen aus dem Auto, das zum Halten gekommen war. Schon öffnete sich die große Glastür des Hotels und ein Page trat heraus. Er trug eine rote Uniform und eine schwarze Kappe, auf der der Name des Hotels stand. Freundlich begrüßte er Rita mit einer angedeuteten Verbeugung: „Herzlich Willkommen, gnädige Frau." Rita nickte so vornehm wie sie nur konnte. Dann fiel ihr Blick auf einen alten Leuchtturm und sie sah, wie sich eine Kutsche durch die Menschenmenge ihren Weg bahnte.

„Was ist denn da los?", schrie sie Hans-Hugo zu, der gerade aus dem Auto ausgestiegen war und Rosi hinaus half.

Auch diese schaute hinunter und meinte staunend: „Der Weihnachtsmann und das Christkind."

„Ein alter Brauch am Heiligen Tag bei uns in

Travemünde", erklärte der Page, doch niemand hörte ihm zu.

„Da will ich sofort hin", kommandierte Rita.

„Ich auch", bestätigte Rosi.

Hans-Hugo lächelte und meinte: „So, Mädels, ihr bezieht jetzt erstmal euer Zimmer. Josef und ich warten in der Lobby und dann fahren wir hinüber auf den Priwall zu Ute und Kalli. So war es doch vorgesehen, oder?"

„Na gut", gab Rita nach und folgte rasch dem Pagen, der mit ihrem umfangreichen Gepäck schon Richtung Rezeption unterwegs war.

Die Landfrauen checkten ein und fuhren mit einem Lift hinauf. Hans-Hugo und Josef ließen sich einen Kaffee servieren und warteten in der Lobby auf einer gemütlichen großen Sitzlandschaft aus dunklem Leder. Ein Pianist, der nur ein paar Meter entfernt saß, spielte auf einem weißen Flügel Weihnachtslieder. Eine Weile lauschten sie der Musik, dann meinte Josef: „Das wird bestimmt ein schönes Weihnachtsfest. Ich freue mich schon auf Ute und Kalli, die rechnen ja gar nicht damit, dass wir alle kommen. Eine wundervolle Heilige Nacht steht uns zusammen bevor." Dann summte er das Lied mit, das der Pianist gerade anstimmte: Stille Nacht, heilige Nacht.

„Hm", machte Hans-Hugo, der mal wieder über Rita nachdachte. Seitdem er sie gemeinsam mit Kalli und Josef durch puren Zufall in einer Bar auf Teneriffa vor zwei Jahren zum Jahresausklang kennen gelernt hatte, ging sie ihm nicht richtig aus dem Kopf. Sie lagen damals mit seinem Segelboot Gerlinde im Hafen. Auf einem ebenfalls im Hafen liegenden Kreuzfahrtschiff befanden sich Rita, Ute und Rosi mit ihrer gemeinsamen und deutlich jüngeren Freundin Ina. Bei Ute und Kalli war es Liebe auf den ersten Blick gewesen. So waren die Männer dem Kreuzfahrtschiff nach Madeira hinterher gesegelt und sie hatten alle zusammen Silvester gefeiert. An dem Abend hatte Ina ihren Freundinnen eröffnet, dass sie sich unsterblich in Basti verliebt hatte, der als Sporttrainer an Bord gewesen war. Die Landfrauen waren erst dagegen, aber nachdem Basti, der eigentlich Sebastian hieß, sein Engagement an Bord beendet hatte und tatsächlich zu Ina zog, waren sie beruhigt. Letztes Jahr zum Jahresausklang hatte er alle nach Sylt ins Hotel Stadt Hannover eingeladen. Zur Überraschung aller verkündeten Ina und Basti nicht nur ihre standesamtliche Hochzeit, die am Silvestertag im Rathaus von Westerland stattfinden sollte, sondern sie enthüllten auch Inas starke Gewichtszunahme. In wenigen Monaten erwartete sie ein Baby. Was war die Freude groß gewesen! Danach waren die Frauen, die einen beträchtlichen Lottogewinn erzielt hatten, auf große Kreuzfahrt um die Welt gegangen. Hans-Hugo erschrak, denn mitten in seine Gedanken hinein begann Josef zu reden: „Ich habe mich entschlossen, mit Rosi an diesem Weihnachtsfest über meine Gefühle für sie zu sprechen."

„Wirklich?", fragte Hans-Hugo.

Josef lehnte sich zurück und lächelte glücklich: „Ja, weißt du, wir haben uns seit der kirchlichen Hochzeit von Ina und Basti schon zweimal getroffen. Immer, wenn ich sie sehe, dann ist es, als ob ich nach Hause komme." Trotz seines Alters wurde er ein wenig rot und schaute verlegen zu Boden.

„Dann mach das mal", meinte Hans-Hugo und klopfte seinem Freund aufmunternd auf die Schulter. Dieser nippte an seinem Kaffee.

Vorsichtig fragte er: „Und du? Willst du nicht endlich mit Rita sprechen?"

Hans-Hugo winkte ab und sagte: „Mal sehen."

Hans-Hugos Frau Gerlinde war seit fünf Jahren tot. Dennoch kam es ihm immer wie ein Verrat an ihr vor, wenn er auch nur an Rita dachte. Josef verstand und schwieg taktvoll. Er hatte damals auf der Hochzeit in Wülferode schon versucht Hans-Hugo von seinem schlechten Gewissen zu befreien, aber es war ihm anscheinend nicht gelungen. In diesem Moment kamen Rita und Rosi auch schon wild winkend angelaufen.

„Wir wohnen in der 12. Etage in einer Ecksuite mit Blick auf den Hafen von Travemünde. Die Aussicht ist einfach der Oberhammer. Und dieses alte, große Schiff da drüben ist so wunderschön", schrie Rita quer durch die ganze Halle. Einige der anderen Gäste sowie die Mitarbeiter an der Rezeption sahen sich entsetzt nach ihnen um, doch das störte Rita nicht. Sie drückte den immer noch sitzenden Hans-Hugo, der glücklich lächelte.

Rosi folgte ihr, wenn auch weniger stürmisch und sagte: „Danke, also dieses Upgrade haben wir sicher dir zu verdanken."

„Ist ja schließlich Weihnachten", war Hans-Hugos Antwort. Die Frauen hatten ursprünglich nur ein einfaches Doppelzimmer gebucht, doch Hans-Hugo, der den Inhaber des Hotels persönlich kannte, hatte mit nur einem Anruf auf die letzte freie Suite umbuchen können. Er stand auf und bedeutete den anderen ihm hinaus zum Auto zu folgen. Josef bot Rosi formvollendet den Arm an und sie hakte sich strahlend bei ihm ein.

Sicher steuerte Hans-Hugo sein Auto wieder die steile Hotelabfahrt hinunter. Er wählte den Weg direkt am Wasser entlang und so passierten sie die Haupteinkaufsstraße von Travemünde, die Vorderreihe, die nur in den Wintermonaten als Straße für Autos nutzbar war. Im Sommer wurde sie zur Fußgängerzone. Kurz bevor er in die Straße einbog, deutete Rita auf die andere Uferseite und sagte: „Da ist wieder dieses alte große Schiff."

Hans-Hugo, den Ritas Begeisterung für Travemünde, seine Heimatstadt, freute, antwortete: „Das ist die Passat, ein altes Segelschulschiff, es gehört zur Generation der Flying P-Linern. Es liegt schon viele Jahre hier in Travemünde, genauer gesagt seit 1978 als Museumsschiff."

„Toll", Rita drückte sich förmlich die Nase an der Fensterscheibe platt. Langsam rollte der Wagen durch die Vorderreihe. Immer wieder musste Hans-Hugo bremsen, da Passanten mitten auf der Straße entlangliefen.

Josef deutete nach rechts zu einem wunderschönen

alten Haus mit einer roten Markise: „Da, das Café Hochegger, da müsst ihr unbedingt mal hin. Hochegger ist für sein Marzipan weltweit bekannt und die Torten sind ein Traum."

„Oh, fein", freute sich Rosi, die sich für Themen wie Essen und Kochen immer begeistern konnte.

„Pegeltempel", las Rita das Schild laut vor, das eine Art Bude zierte, die wie ein kleiner Leuchtturm aussah. Ihr gefiel dieses Travemünde. Einige Menschen standen um den Pegeltempel herum und hatten Becher aus Keramik in der Hand, aus denen es dampfte. Plötzlich zuckte Rita zusammen. Sie zog Rosi am Ärmel, doch da waren sie auch schon vorbeigefahren.

„Was war denn?", fragte Rosi nach.

Rita haute sich auf die Schenkel und meinte: „Da stand ein Pärchen vor diesem Tempel, die sahen aus wie Jessi und Tim!"

„Echt? Aber die wollten doch in Frankfurt Weihnachten feiern", meinte Rosi.

„Ach, euer Pärchen von der Weltreise?", fragte Hans-Hugo interessiert nach.

Rita beugte sich ein Stück vor: „Ja, die Jessi, die jetzt Buchautorin ist. Du weißt doch, die kommen nächstes Jahr auch zum großen Wiedersehen nach Sylt."

Hans Hugo nickte. Dass Rita ihre lustigen Reisebekanntschaften alle zu einem großen Wiedersehen in sein Haus Erwin nach Sylt eingeladen hatte, störte ihn nicht. Im Gegenteil. So viel hatte sie von Jessica und Tim, Bruno und dieser netten kleinen Familie erzählt, dass er manchmal selbst schon glaubte, sie zu kennen.

Rosi brachte es auf den Punkt: „Das können sie ja nicht gewesen sein, vielleicht sahen sie ihnen nur ähnlich. Jessi weiß doch, dass wir in Travemünde sind, da hätte sie sich sonst sicherlich gemeldet."

„Ja, klar", gab Rita zu.

Inzwischen waren sie bei der Priwall-Autofähre eingetroffen und hatten Glück, denn die Auffahrt auf die „Pötenitz" hatte gerade begonnen. „Wir machen eine kleine Kreuzfahrt", begann Hans-Hugo gut gelaunt zu scherzen.

„Nein, was sind diese Fähren süß", grölte Rita.

„Und so viel größer als die Tenderboote unseres Schiffes auf der Weltreise", bemerkte Rosi.

Aus dem Radio erklangen die ersten Takte von dem wohl besinnlichsten Weihnachtslied „Stille Nacht, heilige Nacht." Rita summte kurz mit, dann meinte sie: „Und wir sind die Heiligen aus dem Morgenland, die nun das traute, hochheilige Paar überraschen." Hans-Hugo schüttelte mit dem Kopf. Ute und Kalli waren weder jung, noch heilig.

Er verkniff sich jedoch seinen Kommentar im Gegensatz zu Josef, der mit belehrender Stimme sagte: „Rita, wir sind vier! Die Heiligen aus dem Morgenland, die ihre Gaben brachten, waren zu dritt: Casper, Melchior und Balthasar." So eine Bemerkung war von ihm als ehemaligen Pastor nicht anders zu erwarten.

„Ja, ja", machte Rita, „und Gaben haben wir auch keine."

Hans-Hugo dachte, dass sie sich seit August kein Stück

verändert hatte. Das letzte Wort gehörte immer noch ihr und irgendwie gefiel ihm gerade das sehr. Als sie auf die Fähre gefahren waren, stieg Rita sofort aus und machte ein paar Fotos. Der böige Wind schien sie nicht zu stören. Hans-Hugo verließ ebenfalls das Fahrzeug und gesellte sich dazu. Sie strahlte. Er ging zu ihr und legte seinen Arm um ihre Taille. Sie wehrte sich nicht. Er strich eine Haarsträhne aus seinem Gesicht. „Früher, zu DDR-Zeiten, war dies die einzige Verbindung auf den Priwall, denn dort hinten verlief quer durch die Ostsee die innerdeutsche Grenze."

„Unglaublich", fand Rita, „so dicht war das hier." Sie kuschelte sich ein wenig enger an ihn. Ob das nun mit dem doch recht starken Wind zu tun hatte, der über die kleine Siechenbucht stürmte, erschloss sich Hans-Hugo nicht. Sie starrte auf die alten, meist zweigeschossigen Häuser, die mit ihren Glasvitrinen und Wintergärten die Vorderreihe säumten und größtenteils aus dem 17. und 18. Jahrhundert stammten. Sie alle waren Zeitzeugen der frühen Bäderarchitektur. Rita meinte: „Da fahre ich um die ganze Welt und so ein zauberhafter Ort wie Travemünde liegt nicht mal 300 Kilometer von mir entfernt."

Hans-Hugo sah sie an und meinte augenzwinkernd: „Aber eine so tolle Skyline mit Wolkenkratzern wie Rio oder Sydney haben wir nicht zu bieten, nur das Meeritim und den Priwall". Er deutete nach vorn und feixte: „Aber das ist mit Sicherheit nicht so exotisch wie dein Tonga." Rita lachte laut auf und boxte ihm spielerisch in die Seite. Er zog sie mal wieder mit ihrer

Weltreise auf, das war klar.

„Travemünde klingt aber millionenfach besser als Wülferode", fand sie und hatte damit wieder das letzte Wort. Im Wagen drehte Josef sich zu Rosi um. Beide hatten die Szene vor dem Auto genau verfolgt.

Josef sagte: „Die Zwei wären auch ein schönes Paar, so wie wir vielleicht." Rosi murmelte ein paar Worte der Zustimmung und fixierte dann interessiert ihre schwarzen Stiefelspitzen.

Die Fähre hatte das andere Ufer erreicht und Hans-Hugo ließ den Motor an. Rechts erhob sich ein eindrucksvolles, vierstöckiges Gebäude. Es war komplett aus rotem Backstein gemauert. Hans-Hugo zeigte auf die oberste Etage und meinte: „Dort wohne ich."

„Was?", schrie Rita mit wahrer Begeisterung los.

„Penthouse", kommentierte Josef. Hans-Hugo wand sich verlegen auf seinem Sitz hin und her.

„Man hat einen schönen Blick über den Hafen", versuchte er abzulenken und ergänzte dann: „Ja, und irgendwie musste ich ja das Geld aus dem Verkauf meines Hauses am Godewindpark gut anlegen. Aber der Ausblick aus eurer Ecksuite ist mit Sicherheit noch eindrucksvoller."

„Klar", versuchte Rosi die Situation wieder in ein normales Fahrwasser zu bringen. Rita betrachtete immer noch mit großen Augen das beeindruckende Gebäude, an dem sie vorbeifuhren. Sie beugte sich vor und legte Hans-Hugo eine Hand auf die Schulter, und fragte: „Zeigst du mir mal deine Wohnung?"

„Natürlich", antwortete er und sah sie lächelnd im Rückspiegel an.

„Na, du findest hier in Travemünde ja wohl alles toll, was?", befand Rosi seelenruhig. Rita funkelte die Freundin leicht böse von der Seite an.

Nur kurze Zeit später bog Hans-Hugo von der Hauptstraße nach rechts ab. In dieser Seitenstraße standen kleine alte Siedlungshäuschen. Vor einem, das ganz in weiß angestrichen war, hielt er an. Neugierig spähten die Landfrauen Richtung Haus. Der Garten war liebevoll weihnachtlich dekoriert. Kleine Rentiere zierten ihn und die Hecke war mit Lichterketten geschmückt. Selbstgestrickte Kugeln hingen an den Zweigen der Tanne. „Klar, hier wohnt Ute", lachte Rita auf und deutete auf die Kugeln.

„Juhu", freute sich auch Rosi, „ich weiß noch wie sie damals an Bord Kugeln aus Wolle gestrickt und dann in der Südsee an Einheimische verkauft hat."

Rita hieb sich vor Freude bei der Erinnerung auf die Schenkel und meinte: „Ja, genau, aber die Wolle war in Australien alle, sie muss welche nachgestrickt haben."

Gut gelaunt stiegen die Freunde aus dem Auto und öffneten leise das kleine, grüne Gartentor. Es quietschte ein wenig. In den Fenstern des Hauses standen Kerzen, die ein warmes Licht in den Garten warfen. Hans-Hugo klingelte. Gespannt warteten sie. Es vergingen ein paar Minuten, dann öffnete sich die Tür und Ute stand vor ihnen. Als sie so unerwartet ihre Freundinnen erblickte, erstarrte sie kurz, dann schrie sie: „Was macht ihr denn hier?".

Rita fiel ihr als Erste um den Hals und antwortete: „Wir kommen, um mit euch Weihnachten zu feiern."

„Stille Nacht, heilige Nacht", begann Rosi zu singen. Ute begann hemmungslos vor Freude zu weinen.

„Wer ist denn gekommen, Ute?", hörten sie Kallis Stimme aus dem Hintergrund. Doch Ute war nicht in der Lage zu antworten. Sie schluchzte und umarmte nun auch Rosi, Josef und Hans-Hugo. Kalli erschien in der kleinen Diele. Sein Gang war noch ein wenig wackelig und er stützte sich auf einen Gehstock. Als er die Truppe vor der Tür erblickte, begann er zu strahlen. „Ute", sagte er mit belegter Stimme, „nu segg doch uns Gäst, dat se rinkamen schöllt." Wie immer, wenn er aufgeregt oder berührt war, sprach er Plattdeutsch.

Nach zahlreichen Umarmungen saßen sie schließlich gemütlich in Kallis und Utes kleinem Wohnzimmer und stießen mit Sekt an. „Ihr habt uns so überrascht", gab Ute ein ums andere Mal zu, „wir hatten doch nur mit Hans-Hugo und Josef gerechnet."

Auch Kallis Augen strahlten vor Freude. Ganz gegen seine Gewohnheit trank er sogar ohne zu murren Sekt.

„Na", sagte Rita, „ihr habt uns ja auch überrascht. Kalli, was macht denn dein Bänderriss, tut es noch weh?"

„Nee, geht schon", meinte dieser und hielt Ute sein Glas zum Nachschenken hin.

Hans-Hugo hüstelte und erklärte: „Na ja, es war eigentlich das große Wiedersehen der Weltreisenden auf Sylt zum Jahresausklang geplant. Das ging aufgrund deiner Operation nicht. Das haben wir nun auf Mai nächsten Jahres vertagt, aber ohne einander Weihnachten feiern, das wollten wir nicht." Ute begann vor Rührung wieder zu weinen.

Auf einmal fiel ihr ein: „Ach, du je, ich habe für heute Abend nur Würstchen mit Kartoffelsalat für vier Personen geplant."

Es war ihr sichtlich peinlich, womöglich zu wenig Essen im Haus zu haben.

„Wie lecker", fand Rosi und meinte: „ich helfe in der Küche mit, ja?"

„Machst du eben zwei Gläser Würstchen mehr auf und schälst ein paar zusätzliche Kartoffeln", juchzte Kalli an Ute gewandt.

So wurde es ein sehr schöner Nachmittag. Die Landfrauen bereiteten gemeinsam in der Küche erst den Salat zu und erhitzten sicherheitshalber gleich drei Gläser Würstchen in einem großen Topf. Josef half, indem er den Tisch nach genauer Anweisung deckte, die Ute ihm aus der Küche zurief. Aus dem Radio erklangen Weihnachtslieder, bei denen die Landfrauen eifrig mitsangen. Zu „Lasst uns froh und munter sein" drehten sie richtig auf und störten sich nicht daran, dass der Nikolaustag schon lange verstrichen war. Sie dichteten sich das Lied, wie es ihre Gewohnheit war, einfach um und sangen:

Kalli ist ein guter Mann,
der viel Schnaps vertragen kann,
lustig, lustig trallerallera,
heut ist Weihnachtsabend da!
Heut ist Weihnachtsabend da!

Hans-Hugo hatte alle Kerzen am Weihnachtsbaum entzündet und trank mit Kalli einen seiner Meinung nach billigen Rumverschnitt, aber das ließ er sich nicht anmerken. Kalli berichtete seinem Freund ausführlich, wie schrecklich er die drei Tage im Krankenhaus empfunden hatte. Die Schwestern dort waren zwar nett gewesen, doch keine hatte ihm mal ein Bier serviert, an Schnaps war schon gar nicht zu denken gewesen. So hatte er sich nach drei Tagen selbst entlassen, musste sich zunächst mit einem Rollator fortbewegen und war nun seit einer Woche auf den Stock umgestiegen. Freudestrahlend zeigte er ihn Hans-Hugo. Am Oberteil befand sich ein abschraubbarer Löwenkopf. Daran hing ein kleines Reagenzglas. „Da kann ich immer einen Schnaps im Voraus reinschütten, ist praktischer als mein Flachmann", freute sich Kalli.

Hans-Hugo lachte und schlug Kalli freundschaftlich auf die Schulter. „Weiß Ute davon, also von dem Reagenzglas?", wollte er wissen.

„Nö", krähte Kalli vergnügt und stimmte in das Lachen seines Freundes ein.

Um 17 Uhr war es soweit, sie nahmen alle am Esstisch Platz. Rita verteilte die Bockwürstchen, die leider zum Teil geplatzt waren, während Ute die große Schüssel mit dem Kartoffelsalat herumreichte. Als alle Teller befüllt waren, griff Josef auf seiner rechten Seite nach Rosis Hand und nach Hans-Hugos auf seiner linken Seite.

„Es ist der Heilige Abend, lasst uns beten", sagte er. Niemand protestierte und er begann laut das „Vaterunser" zu sprechen. Als er endete, stießen die Freunde mit einem Rotwein an, den Hans-Hugo irgendwo in Kallis Keller gefunden hatte. Erstaunlicherweise waren dort gleich sechs Flaschen der gleichen Sorte zu finden gewesen.

„Leicht firmig, aber geht noch", fand Kalli.

„Schmeckt prima, Kalli, mach dir mal keine Gedanken", meinte Rita.

„Also Mädels, der Kartoffelsalat ist einzigartig", schmatzte Josef wenig fein.

„Das Rezept stammt von Rosi", verriet Ute und Rosi errötete, als Josef liebevoll ihre Hand drückte.

Nach dem Abendessen lehnten sich die Freunde zufrieden und sehr satt in ihren Stühlen zurück. Kalli fiel ein, dass er noch irgendwo im Keller eine Flasche Williams haben müsste. Ute ging nachsehen und kehrte mit einer ungeöffneten Flasche des Getränks zurück. „Mein heimliches Stock-Depot", raunte Kalli Hans-Hugo zu, „aber für euch Freunde ist mir ja nichts zu schade."

Hans-Hugo bog sich vor Lachen und half Ute galant beim Einschenken. Erneut hoben die sechs ihre Gläser in die Luft und stießen an. Nachdem das Klirren verklungen war, herrschte für einen Moment Schweigen, was natürlich Rita brach. „Nun wäre die

Bescherung dran, aber wir haben gar keine Geschenke füreinander."

Betrübt sah sie in ihr leeres Schnapsglas. Ute verstand und schenkte nach.

„Wir sind zusammen in der Heiligen Nacht, das ist heute unser aller Geschenk, was wir uns gegenseitig machen", philosophierte Josef. Alle nickten. Plötzlich stand Hans-Hugo auf, alle Augen waren auf ihn gerichtet. Er klopfte mit einer Gabel an sein Weinglas. Fünf Augenpaare waren gespannt auf ihn gerichtet.

Er hüstelte ein wenig, dann begann er zu sprechen: „Meine lieben Freunde, gemeinsam das Weihnachtsfest mit euch zu feiern, bedeutet mir sehr viel. Aber was folgt nach Weihnachten? Genau, der Jahresausklang. Auch diesen wollen wir zusammen in Travemünde feiern, deshalb habe ich mir erlaubt, für Rita und Rosi nach dem zweiten Weihnachtstag bis zum 6. Januar ein kleines Ferienhäuschen hier auf dem Priwall zu reservieren, sodass wir alle länger als geplant zusammen sein können."

Als er endete, setzte tosender Applaus seiner Freunde ein und Rita sprang auf und küsste ihn mitten auf den Mund. Passend dazu erklang aus dem Radio das Lied „Last Christmas" und alle begannen durch das Wohnzimmer um den kleinen Weihnachtsbaum herumzutanzen. Selbst Kalli bewegte sich mit seinem Bänderriss erstaunlich flott. Rita sang laut und sehr falsch mit und suchte beim Refrain immer wieder Hans-Hugos Blick. Der Text passt aber auch zu gut, dachte sie und lächelte, als sie sich an den Jahresausklang auf der

Insel Sylt im letzten Jahr erinnerte.

Speziell die Szene beim Juwelier, wo sie damals gemeinsam die Eheringe für Ina und Basti ausgesucht hatten, kam ihr in den Sinn. Dann ihre gemeinsamen Ermittlungen wegen der verschollenen Jacht, die in dem großen Triumph im Haus Erwin gipfelte, als sie Kapitän Körners Lügengebilde zum Einsturz brachte und schließlich eine große Polizeieinheit auf ihre Anweisung hin das Haus stürmte. Den schönen Tagen auf Sylt folgte die große Kreuzfahrt um die Welt und nun saßen sie wieder alle beisammen und würden erneut den Jahresausklang miteinander feiern. Schon den dritten in Folge! Rita war sehr zufrieden. Nachdem das Lied verklungen war, setzen sich alle schnaufend. Josef drehte das Radio ein wenig leiser. „Wollen wir gemeinsam einige traditionsreiche Weihnachtslieder singen?", fragt er.

Rosi nickte, Rita schüttelte den Kopf und antwortete: „Lasst uns einfach quatschen."

Josef schaute zwar ein wenig beleidigt, doch er fügte sich schnell. Rita sah Kalli an und bat ihn zu erzählen, wie das früher hier auf dem Priwall war, als es noch West- und Ostdeutschland gegeben hatte. Der Bitte kam Kali sehr gern nach und in der nächsten halben Stunde kam niemand außer ihm zu Wort. Er erzählte von Wachtürmen, Stacheldrahtzäunen und dem großen weißen Sandstrand, durch den die Grenze bis ins Wasser verlief. Während sich auf der Westseite das Leben tummelte, war der Strand auf der Ostseite verwaist. Im Wasser patrouillierte bei Tag und Nacht unablässig ein

Boot, das darauf achtete, dass kein fremdes Schiff in das Hoheitsgebiet der DDR eindrang. Er bat Ute, einen Bildband, den er über diese Zeit hatte, zu holen und ihn herumzureichen. Rita und Rosi waren beeindruckt.

„Und am Ende des westlichen Strandteils war damals der FKK-Strand. Die Männer in den Wachtürmen starrten mit ihren Ferngläsern direkt auf die Nackten", wusste Josef zu berichten und seine Miene drückte deutlich aus, was er darüber als ehemaliger Pastor dachte.

„Unschicklich", piepste Rosi passend dazu. Hans-Hugo hatte währenddessen eine weitere Flasche Wein geöffnet und schenkte nach.

„Aber nun ist ja alles gut, nicht nur Deutschland, sondern auch der Priwall ist wieder eins", meinte Rita.

Kalli lachte kurz auf und antwortete mit einem deutlichen Sarkasmus in seiner Stimme und auf Platt: „Hüüt is allens anners. Nu kriegt wi hier en Waterkant as dat up Niedüütsch heet. Vele ole Geschäfte hebbt dichtmaken müsst un de ganze Charme vun uns Seglerhaben is fleiten gahn."

„Dein Freund redet ja immer noch mit diesem fürchterlichen Dialekt", wandte sich Rita an Ute, „ich dachte, wenigstens das hättest du nach deinem Einzug hier in den Griff bekommen."

Ute warf Rita kurz einen bösen Blick zu und mit einer gewissen Zickigkeit, die man von ihr gar nicht kannte, sagte sie: „Traditionsgeschäfte? Inges Bar am Hafen kann man nun wirklich nicht als so etwas bezeichnen. Das ist eine Kaschemme." Auf ihrer Stirn zeichneten sich deutlich einige grimmige Falten ab und sie kippte den Inhalt ihres Weinglases mit einem Zug hinunter. Kalli winkte ab und goss sich, und zwar nur sich, noch einen Schnaps ein. Rita und Rosi tauschten einen Blick. So kannten sie ihre Freundin Ute gar nicht.

Rita vermutete Eifersucht und wurde darin bestärkt, als Kalli in feinstem Hochdeutsch meinte: „Ute, wie oft habe ich dir das erklärt? Inge und ich sind zusammen zur Schule gegangen, wir kennen uns unser ganzes Leben lang. Sie führt seit 50 Jahren diese Bar und hat auf dem Gelände kein Ersatzgrundstück angeboten bekommen."

„Ja, und du bist ihr bester Stammkunde", gab Ute beleidigt zurück. Josef schnalzte ein wenig verlegen mit der Zunge, denn Disharmonie mochte er überhaupt nicht und schon gar nicht am Heiligen Abend. „Es war auf dem Rückweg von Inges Kneipe, wo Kalli hingefallen ist und sich den Bänderriss zugezogen hat", verriet Ute. Kalli blickte genervt zur Decke und zog die Augenbrauen hoch. Ute verschränkte die Arme vor ihrem Körper und sah ihren Partner böse von der Seite an.

Kalli hob zwei Finger in die Höhe und sagte mit ziemlich lauter Stimme: „Es waren zwei Bier! Zwei!"

„Ja, ja", machte Ute.

„Wieso muss denn die Bar nun weg?", versuchte Rosi diplomatisch ein wenig Ruhe in das Gespräch zu bekommen.

„Ich wusste gar nicht, dass Inges Bootsdeck weichen muss", mischte sich nun auch Hans-Hugo ein.

„Tja", sagte Kalli und wandte sich Hans-Hugo zu, „da musst du mal deinen Freund Theo fragen. Inge hat es mir gestern Nachmittag jedenfalls selbst erzählt."

„Wer ist denn nun wieder Theo?", wollte Rita wissen.

Hans-Hugo ergriff nun die Chance und begann allgemein über das Projekt Waterkant in Travemünde zu berichten. In unmittelbarer Nähe der Viermastbark Passat würde ein großer Hotelkomplex gebaut. In der Nachbarschaft würden kleine Strandvillen und am Hafen zweigeschossige Eigentumswohnungen entstehen. Dazu natürlich auch neue Bars, Geschäfte und sogar ein Supermarkt. Travemünde sollte eine moderne, maritime Meile auf dem Priwall erhalten.

„Braucht die Welt nicht", krähte Kalli dazwischen.

Rita dachte an die alten Häuserfronten, die sie auf der Überfahrt mit der Fähre auf der anderen Seite von Travemünde bestaunt hatte. „Das wird ja ein Gegensatz wie Tag und Nacht auf beiden Seiten der Trave", trompetete sie auch prompt heraus. Kalli nickte. Gerade wollte sie wieder ansetzen, als Hans-Hugo die Hand hob und ihr ein Zeichen machte, zu schweigen. Er berichtete, dass sein Freund Theo, den er schon viele Jahre kannte und sehr schätzte, als Berater des Investors vor einem Jahr in das Projekt Waterkant eingestiegen war. Theo, ein ehemaliger Bankier, kam aus Travemünde und war nach Hans-Hugos Ansicht besser geeignet als ein Fremder. Eigentlich gor das Projekt schon einige Jahre und in dieser Zeit gab es unterschiedliche Interessenten, die aber immer wieder abgesprungen waren. Rita und Rosi lauschten interessiert seinen Worten und auch

Ute entspannte sich sichtlich, als Kalli ihre Hand nahm und sanft streichelte. Hans-Hugo registrierte dies mit einem Seitenblick, lächelte und verriet: „Nun weiß ich, was euch allen an Theo gefallen wird. Theo hat eine wunderschöne alte Villa am Godewindpark. Wir waren früher Nachbarn. Und nun, Mädels, ratet mal wie die Villa heißt?" Rita und Rosi zuckten die Schultern und schauten Ute an, die aber auch unwissend dreinsah. „Sie trägt den Namen Villa Wellengeflüster", zwinkerte Hans-Hugo den Frauen zu. Ein lautes Freudengebrüll setzte ein und jegliche Missstimmung schien verflogen. Wellengeflüster war letztes Jahr zum Jahresausklang auf Sylt der Name der verschollenen Jacht gewesen und gemeinsam hatten die sechs Freunde das Geheimnis darum gelöst. Rita hieb sich auf die Schenkel und konnte gar nicht mehr aufhören zu lachen. Selbst Ute stimmte in diese Fröhlichkeit mit ein und der Rest des Abends verlief doch noch in harmonischen Bahnen. Die Freunde trennten sich erst weit nach Mitternacht.

Als Rita und Rosi später in ihrer komfortablen Ecksuite in dem großen Doppelbett lagen, sprachen sie nochmals über den Abend. „Ute ist eifersüchtig, so habe ich sie noch nie erlebt", sagte Rita.

„Ja", meinte Rosi und gähnte müde.

Es war schon 2 Uhr nachts. Rita schlug die Bettdecke zurück und stand auf. Entschuldigend meinte sie zu ihrer Freundin: „Ich rauche mal eine Zigarette zum Fenster hinaus. Mein Nikotinspiegel tendiert schon den ganzen Abend gegen Null."

Rosi nickte. Rita öffnete die Balkontür. Ein frischer Wind zog herein. Sie konnte selbst von hier oben das Meer riechen und seinen Wellenschlag hören. Sie sah, dass hier in luftiger Höhe einige Möwen kreischend im Windschatten des hohen Gebäudes segelten. Rita zog ihren Bademantel ein wenig enger um sich und Rosi die Bettdecke bis über die Nasenspitze. Rita betrachtete eine Weile die Vögel, die in weiten Bahnen elegant kreisten, drehte sich dann zu Rosi um und fragte: „Schlafen Möwen eigentlich nie?" Doch eine Antwort bekam sie nicht mehr, denn Rosi war schon eingeschlafen. Rita löschte ihre Zigarette und schlüpfte zurück unter die warme Bettdecke. Sie freute sich auf die zwei bevorstehenden Weihnachtstage. Hans-Hugo hatte versprochen, ihnen die schönsten Plätze von Travemünde zu zeigen. Morgenfrüh wollten sie zunächst den Gottesdienst besuchen, den Josef durchführen würde, weil der amtierende Pastor mit einer heftigen Grippe im Bett lag. Danach hatte Josef die Freunde zum Mittagessen in sein Haus gebeten. Keine fünf Minuten später war auch Rita im Reich ihrer Träume angelangt. Interessanterweise träumte sie, dass sie eine Möwe wäre und tagein, tagaus elegant über die Ostsee hinwegflog.

Möwengeflüster

„Noch eine letzte Runde", rief Kraki seiner Partnerin Mecki zu und beide ließen sich galant vom Windschatten des Meeritim Hotels tragen. Erschöpft, aber glücklich landeten sie auf dem Mast der DLRG Rettungsstation. Das war ihr Lieblingsschlafplatz.

„Windsegeln mit dir ist so cool", sagte Mecki und kuschelte sich dicht an Krakis Gefieder.

„Lass uns schlafen, es ist schon nach 2 Uhr", gab ihr Möwenmann zur Antwort und ergänzte: „Ab 5 Uhr kommen die ersten dicken Pötte rein, da sind wir ohnehin wach." Doch Mecki schien andere Pläne zu haben: Heute ist Heilige Nacht", säuselte sie und versuchte mit Kraki zu schnäbeln.

„Ich bin müde", gab dieser bekannt und dachte, er hätte nun Ruhe. Doch Mecki setzte sich auf, blickte über die Ostsee. Das Wasser wirkte im Mondschein fast schwarz. Sie wunderte sich ein wenig über Kraki. Früher hatten sie sich in der Heiligen Nacht immer geliebt.

Vielleicht lag es an Krakis Alter? Oder lag der Grund bei ihr? War sie nicht mehr so attraktiv wie früher? Sie begann ihr Gefieder zu putzen. Kraki öffnete sein linkes Auge und sagte: „Musst du dich jetzt waschen? Schlaf doch bitte." Beleidigt stoppte Mecki ihre Bewegungen und begab sich wieder in die Ruheposition. Sie blickte hinüber zum Priwall. Deutlich sah sie den Rohbau des neuen Hotels an der Spitze gleich neben dem Anleger der Personenfähre. Irgendwie wird das die ganze Ansicht von Travemünde verändern, dachte sie. Sie sah ein Stück nach rechts, wo sich die ersten Strandvillen hinter der Passat erhoben. Neulich bei einem Rundflug hatte sie Menschen belauscht, die sich über die viel zu teuren Immobilienpreise der Neubauten auf dem Priwall aufgeregt hatten.

Sie kuschelte sich wieder an Kraki und fragte: „Du, Kraki?"

„Hm", war seine Antwort.

„Was ist eigentlich, wenn sich keine Käufer für die Neubauten auf dem Priwall finden lassen? Wird das dann eine Geisterstadt?"

„Das kann uns Möwen doch egal sein", gähnte Kraki und seine Stimme klang sehr müde.

Mecki beobachtete ihn eine Weile von der Seite und nach kurzer Zeit war er eingeschlafen. Sie selbst ließ für sich noch einmal den Heiligen Abend Revue passieren. Nach dem Vorfall mit dem Christkind hatten sie die anreisenden Gäste beobachtet. Erst an der Haupteinfahrtsstraße, später am Bahnhof. Dazwischen hatten sie herrlich im alten Fischereihafen gefressen. Sehr interessant hatte sie diese alten Frauen am Bahnhof gefunden, die anscheinend im Meeritim wohnten. Eine hatte sie eben auf einem der Balkone im 12. Stock wiedererkannt. Sie hatte eine Zigarette geraucht. Die hatten etwas Außergewöhnliches, waren spannend und irgendwie anders. Das fühlte sie, warum auch immer. Mecki nahm sich fest vor, die Frauen in den nächsten Tagen nicht aus den Augen zu lassen. Sie liebte es, Menschen zu beobachten, wenn diese Möwen gegenüber auch nicht immer freundlich gesonnen waren.

Es ist ein Ros entsprungen oder fröhliche Weihnacht überall ...

Als Rita und Rosi mit dem Lift in die Eingangshalle des Meeritims hinuntergefahren waren, gingen sie zielstrebig Richtung Ausgang. Der Page nickte ihnen freundlich zu und beeilte sich, die Tür aufzuhalten. Es war der erste Weihnachtstag um 10 Uhr morgens und der Gottesdienst sollte in einer halben Stunde beginnen. Der Fußweg würde mindestens fünfzehn Minuten betragen. Den beiden Landfrauen war klar, dass sie zu spät waren. Gerade am ersten Weihnachtstag würden sie nicht die Einzigen sein, die zum Gottesdienst gingen. Daher hetzten sie in großen Schritten an dem Pagen vorbei, der ihnen noch mit einer artigen Verbeugung „schöne Weihnachten und einen wundervollen Tag an der Ostsee" wünschte. Rita rannte vorweg, Rosi folgte keuchend. „Wir schaffen das nie pünktlich", beschwerte sich Rita lauthals und tippte auf ihre Armbanduhr.

„Ja, ja", jammerte Rosi und wusste, dass es ihre Schuld war. Beim Frühstück hatte sie einfach die Zeit vergessen und stundenlang mit einem der netten Köche geplaudert, die für die Gäste an einer Station im Restaurant kleine Eierspeisen frisch zubereiteten.

„Du und deine Köche", meinte Rita kopfschüttelnd und blieb kurz stehen, um sich trotz ihrer hohen Laufgeschwindigkeit eine Zigarette anzuzünden.

Rosi überholte sie und rief: „Ja, du und deine Zigaretten, die bringen dich noch mal um!" Rita schaute ihr entgeistert hinterher. Bisher hatte ihre Freundin noch nie ein Wort der Kritik zu ihrer Raucherei gesagt. Kurze Zeit später nahm sie ihren flotten Gang wieder auf. Die Vorderreihe, durch die die Landfrauen hetzten, lag im morgendlichen Sonnenschein. Zwei Möwen schienen sie zu begleiten, sie schrien schrill und laut, fast so, als würden sie die Frauen für ihre Verspätung ausschimpfen. Der Himmel war im Gegensatz zum gestrigen Tag azurblau und es war kein Wölkchen zu sehen. Die Masten der Passat glitzerten golden in der Sonne und in den Fenstern des alten Leuchtturms spiegelte sich die ruhige Ostsee. Doch die Frauen hatten dafür keinen Blick. Um 10 Uhr 20 erreichten sie die St. Lorenz Kirche in der Jahrmarktstraße. Sie sahen Hans-Hugo schon vor dem Eingang auf- und ab tigern. Als er sie erblickte, deutete er auf seine Armbanduhr und rief: „Beeilung, Beeilung! Wo bleibt ihr denn?"

Schnaufend blieben die Landfrauen vor ihm stehen. Erstaunlicherweise bekam Rita, trotz ihrer Qualmerei, besser Luft als Rosi und setzte zu einer Erklärung an:

„Ja, meine Schuld ist das nicht! Rosi hat wieder so einen jungen Koch, der die Eier zum Frühstück im Restaurant brät, stundenlang interviewt. Du weißt schon, wie auf Sylt und …"

Weiter kam sie nicht denn, denn Hans-Hugo unterbrach sie: „Ist jetzt egal, kommt rein, Josef hat uns Plätze in der ersten Reihe reserviert."

Immer noch nach Luft japsend, folgten die Frauen ihm in die Kirche. Diese war bereits komplett gefüllt, einige Gäste standen sogar, nur in der ersten Reihe waren noch drei Plätze frei. Ute und Kalli nickten kurz, als Rita und Rosi mit Hans-Hugo eintrafen, denn im Inneren der Kirche war es still. Rita erholte sich erstaunlich schnell und begann, sich neugierig umzusehen. Sie bestaunte die aufwendigen Decken- und Wandmalereien. Wirklich verwundert stellte sie fest, dass es sich um einen einschiffigen Kirchenbau handelte. Das hätte sie aufgrund der Größe des Gotteshauses nicht erwartet. Hans-Hugo saß links von ihr und plötzlich fiel ihr wieder die Hochzeit von Ina und Basti in Wülferode ein. Da hatte er auch in der ersten Reihe links neben ihr gesessen. Sie wurde von ihren Gedanken abgelenkt, als Josef in seinem schwarzen Talar und der typischen weißen Hanseatenkrause an die Kanzel trat. Es war das zweite Mal, dass die Freunde ihn in seiner Rolle als Pastor erlebten. Heute war er ruhig, anders als bei der Hochzeit in Wülferode. Er lächelte seinen Freunden in der ersten Reihe zu, dann begrüßte er die Gemeinde und sprach ein paar Eingangsworte zum heutigen Gottesdienst. Anschließend kündigte er das erste Lied an, einen adventlichen Choral, den er aus einem ganz bestimmten Grund für heute auserwählt hatte. Es hieß: „Es kommt ein Schiff geladen". Rosi lief eine Träne der Rührung auf ihrer rechten Wange hinunter, denn ihr kam es so vor, als ob Josef dieses Lied ganz speziell nur für sie alleine ausgesucht hatte. Im Anschluss las Josef aus der Weihnachtsgeschichte vor und Ritas Gedanken wanderten wieder zurück an Bord der Kosta Onda, mit der sie gemeinsam mit Ute und Rosi die Welt entdeckt hatte. In der Kirche war es trotz der großen Menschenmasse ein wenig kühl, doch sie bemerkte es nicht, da sie sich in ihren Gedanken in der fernen Südsee bei 35 Grad befand. Sie dachte an die Perlenfarm auf Bora Bora, das Glasbodenboot auf Moorea und an das Königreich von Tonga. Sie überlegte, wie diese Menschen, denen sie dort begegnet war, wohl heute Weihnachten feierten.

„Bist du noch da?", raunte Hans-Hugo und bedeutete, zum Gebet aufzustehen. Zögerlich kehrte Rita in die Wirklichkeit zurück. Entschuldigend lächelte sie Hans-Hugo an, dann blickte sie zu Boden und wischte sich eine Träne aus den Augen. Das hatte nicht im Geringsten mit Josefs Predigt zu tun, sondern damit, dass ihr mal wieder bewusst geworden war, dass der große Traum von der Reise um die Welt aus und vorbei war. Zurück in Deutschland hatte sie Wochen gebraucht, um wieder in ihren Alltag hinein zu kommen. Die Rinder ihrer Zucht hatten sie zwar sichtlich erfreut begrüßt, doch die Abende waren oft einsam. Wie unterhaltsam war es doch dagegen jeden Abend an Tisch 10 auf der

Weltreise gewesen, dachte sie sehnsuchtsvoll. Josef beendete das Gebet. Nun spürte Rita die Kälte und sie zog ihren Schal ein wenig dichter um den Hals. Sie wollte gerade ihre Hände, die sie artig gefaltet hatte, wieder in die Taschen ihres Mantels stecken, als sich Hans-Hugos rechte Hand auf ihre legte. Seine Hand war groß, umschloss ihre kleineren Hände mühelos und sie war warm. Rita suchte seinen Blick, doch er schien einzig und allein auf Josef konzentriert nach vorne zu sehen. Rosi, die rechts neben ihr saß, stieß unauffällig Ute an und deutete auf Rita. Ute grinste und boxte Rosi leicht in die Seite. Kalli beugte sich vor, um zu sehen was da los war und lächelte. Mit dem Lied „Es ist ein Ros entsprungen" beendete Josef den einstündigen Gottesdienst. Rita sang die Melodie laut, aber natürlich falsch mit. Hans-Hugo staunte insgeheim über ihre Textsicherheit. Diese Frau verwunderte ihn ein um das andere Mal und er fragte sich ernsthaft, ob durch seine öffentliche Geste passend zum Liedtext nun ein erstes zartes Pflänzchen der Zuneigung zwischen ihm und Rita gedieh. Immerhin hielt er mit Rita Händchen, und das in aller Öffentlichkeit in seinem Heimatort Travemünde, wo ihn nahezu alle Kirchenbesucher kannten. Als sich die Gemeinde erhob, ließ er ihre Hand los. Nacheinander trotteten sie alle durch den kleinen Gang zwischen den Kirchenbänken. Josef stand am Ausgang und verabschiedete jeden Besucher mit ein paar kurzen persönlichen Worten. Seine Freunde waren zuletzt an der Reihe und er sagte: „Wartet kurz, ich bin gleich bei euch."

Keine fünf Minuten später trat er ebenfalls vor die Kirche. Rita hatte bereits zwei Zigaretten hintereinander geraucht und Kalli jammerte, dass er kurz vor dem Verdursten wäre und stütze sich dabei auf seinen Stock. Hans-Hugo vermutete, dass der Geheimtank inzwischen leer war, obwohl er in der Kirche nicht mitbekommen hatte, ob Kalli etwas getrunken hatte. In der ersten Reihe wäre das zudem undenkbar gewesen, doch bei Kalli wusste man nie. „Hilde hat sicher schon alles vorbereitet", informierte Josef seine Freunde und bedeutete ihnen, ihm zu folgen.

Gestern hatte er alle zu einem Mittagessen zu sich nach Hause eingeladen. Rosi war ganz begeistert gewesen, denn sie hatte sich im Geiste nach der Kirche mit Josef zusammen für alle kochen gesehen. Doch nun wurde sie unsicher und wollte wissen: „Wer ist denn Hilde ", dabei zog sie den Namen künstlich in die Länge.

„Meine Haushälterin", rief Josef ihr über die Schulter hinweg zu. Rosi starrte ungläubig auf seinen Rücken. Dass Josef eine Haushälterin hatte, war ihr bisher verborgen geblieben.

Rita, die die entgeisterte Miene der Freundin richtig deutete, meinte: „Wo kommt die denn plötzlich her?" Josef merkte deutlich an dem Klang von Ritas Stimme, dass er nun gefordert war. Er blieb vor einem kleinen Haus stehen, das komplett aus rotem Backstein erbaut war und ein grünes Dach hatte. „Mein Heim", sagte er mit bescheidener Stimme und setzte nach: „Hilde ist eine alte Freundin. Als ich noch amtierender Pastor und verheiratet war, half sie im Haushalt mit, wenn wir größere Gesellschaften hatten. Für dieses Mittagessen habe ich sie reaktiviert, denn ich kann ja nicht predigen und gleichzeitig kochen." Das leuchtete allen ein und Rosi schaute bereits versöhnlicher drein.

Rita konnte sich allerdings ihren Kommentar nicht verkneifen: „Seltsam, dass ihr Jungs hier alle so langjährige Freundinnen habt, von denen ich sonst nie was gehört habe und die plötzlich aus dem Nichts auftauchen." Ute nickte. Da öffnete sich die passend zum Dach grün lackierte Eingangstür und eine kleine dicke, unscheinbare Frau trat heraus, die ganz in schwarz und zusätzlich mit einer weißen Küchenschürze bekleidet war.

Sie lächelte die Gesellschaft an und sagte: „Willkommen, liebe Freunde von Josef! Der Gänsebraten ist fast fertig."

„Na, mit der kannst du locker mithalten", raunte Ute Rosi beim Eintritt zu. Josef stellte nun zunächst Hilde vor. Diese war offensichtlich erfreut, alle kennen zu lernen und strahlte vor allem die Frauen an. Diese verhielten sich gegen ihre Gewohnheit ein wenig reserviert.

„Hm", machte Kalli, „das riecht aber lecker." Tatsächlich zog ein intensiver Duft durch das Haus. Es roch so gut nach Gänsebraten und Rotkohl, dass unweigerlich Hans-Hugos Magen laut zu knurren begann. Hilde lachte und begann der kleinen Gruppe ihre Mäntel abzunehmen.

„Hildes Mann war früher unser Orgelspieler in der Kirche. Er verstarb leider viel zu früh", erklärte Josef, der nur zu gut die Stimmung der Landfrauen eingefangen hatte.

„Ach ja", seufzte Hilde, „und nun trage ich schon seit zehn Jahren schwarz, die Farbe der Trauer, aber ich kann einfach nicht anders." Die Freunde betraten Josefs Haus. Es war klein, aber so liebevoll eingerichtet wie eine Puppenstube. Die Möbel waren antik und überall standen Figuren in Form von Engeln. Die Gardinen waren in Grüntönen gehalten und an den Seiten mit gelben Bändern zusammengerafft. Im Esszimmer hatte Hilde eingedeckt. Silberbesteck und Teller aus wertvollem Porzellan standen auf dem Tisch bereit. Josef schlug als Aperitif einen milden Sherry vor. Alle nickten.

„Ich muss dann in die Küche", sagte Hilde.

„Kann ich dir helfen?", wollte Rosi wissen.

„Das wäre toll", gab Hilde zu und beäugte Rosi genauer. Wie oft hatte Josef in den letzten Wochen von ihr gesprochen? Eigentlich immer, wenn sie ihn traf. Hilde ging ganz Haushälterin voran und grinste. Diese Rosi machte einen patenten Eindruck auf sie und war bestimmt die richtige Wahl. Hilde selbst fühlte mit Josef mit. Er war ihr bester Freund und seitdem ihn seine Frau damals verlassen hatte, hatte sie ihm stets gewünscht eine neue Partnerin zu finden, die zu ihm passte. Auch die Küche war klein, sie bestand nur aus einer Kochzeile und einem winzigen Esstisch, aber Hilde hatte alles perfekt im Griff. Sie bedeutete Rosi, die bereitstehenden Schüsseln mit dem fertig gekochten Rotkohl und den Klößen zu befüllen, während sie selbst die zwei Gänse, die im Ofen fertig gebraten waren, herausnahm. In der Küche lief das Radio. Hilde, die natürlich alle Weihnachtslieder kannte, meinte: „Das Lied ‚Es ist ein Ros entsprungen' hat mein Mann immer sehr gern am ersten Weihnachtstag auf der Orgel gespielt."

„Es war heute das letzte Lied beim Gottesdienst", wusste Rosi zu berichten.

Hilde nickte und meinte: „Ja, so war das immer, das ist die Tradition."

Rosi lächelte und Hilde sang leise mit, während sie den Ofen öffnete und die dampfenden Gänse herausnahm:

Das Röslein, das ich meine,
davon Jesaja sagt,
hat uns gebracht alleine,
Marie, die reine Magd.

Auch im Wohnzimmer war die Heiterkeit wiederhergestellt. Josef hatte bereits Sherry serviert und präsentierte zum Mittagessen als Wein einen typischen Lübecker Rotspon. Rita war begeistert, dieses Lübeck-Travemünde hatte auch noch seinen eigenen Wein! Als sich die Tür öffnete und Hilde die erste Gans auftrug, juchzte Kalli vor Freude. Josef wetzte zwei Messer, während Rosi die Schüsseln mit den Klößen und dem Rotkohl auf den Tisch stellte. Hilde brachte noch zwei kleinere Schüsseln mit Maronen, Backpflaumen und eine Karaffe mit Bratensoße. Josef begann die Gans fachmännisch zu tranchieren. Rosi stellte mit einem Seitenblick fest, dass er geübt darin schien. Wie auf Kommando erschien die ehemalige Haushälterin mit

Gans Nummer zwei und stellte sie zunächst auf die Anrichte. „Ich gehe dann mal", meinte Hilde.

„Wohin?", wollte Rosi wissen.

Hilde zögerte, dann meinte sie: „Na, nach Hause."

Rita zeigte ihr einen Vogel und meinte: „Quatsch, du isst doch mit uns." Hilde wand sich.

Verlegen meinte sie: „Ich weiß nicht."

Rosi fragte Josef, in welchem Schrank das Porzellan zu finden sei und nur kurz danach hatte sie ein weiteres Gedeck aufgelegt. Hilde freute sich sichtlich und Josef nickte ihr wohlwollend zu. Rasch band sie sich die Schürze ab und setzte sich mit an den Tisch. Alle stießen gemeinsam mit dem Rotspon an und ließen sich das Festessen schmecken. Die Freunde beteuerten Hilde, wie gut es ihnen schmecken würde und diese strahlte. Langsam fand sie Vertrauen zu der Runde und daher wollte sie wissen: „Und ihr Frauen wart auf einer Kreuzfahrt um die Welt? 115 Tage? Wie fühlt sich das denn an?" Die Antworten, die sie bekam, reichten weit über das Mittagessen hinaus und dominierten sogar noch die Kaffeetafel, zu der Hilde ihre berühmte Donauwelle gebacken hatte.

Erst gegen 18 Uhr löste sich die kleine Gesellschaft auf. Während Ute und Kalli langsam zur Priwallfähre schlenderten, ließen es sich Hans-Hugo und Josef nicht nehmen, Rita und Rosi noch zum Meeritim zu begleiten. Rita, die nach der Kirche nach rechts in die ihr inzwischen bekannte Vorderreihe abbiegen wollte, wurde von Hans-Hugo an der Hand nach links gezogen. „Wir gehen mal durch die Kurgartenstraße, da gibt es auch schöne Geschäfte", meinte er und ließ ihre Hand nicht mehr los. Rita hätte sich nur zu gern eine Zigarette angezündet, doch sie beherrschte sich artig. Hinter ihnen gingen Arm in Arm Rosi und Josef. Auf einmal begann es zu schneien. Sanft fielen die Flocken auf die Straße.

„Nun ist wirklich Weihnachten", raunte Josef und platzierte ein schüchternes Küsschen auf Rosis Wange. Diese strahlte und kuschelte sich eng an ihn. Rita erblickte derweil einen Juwelier und zerrte Hans-Hugo vor das Schaufenster.

„Ist der schön", rief sie aus und deutete auf einen Ring. Er war aus reinem Silber und die typischen Wahrzeichen von Travemünde wie der alte Leuchtturm und die Viermastbark Passat waren eingraviert. „Rosi, guck mal", brüllte Rita energisch als Rosi keine Anstalten machte, näher zu kommen. Rosi zuckte zusammen und beeilte sich zu ihrer Freundin zu gelangen.

„Oh", meinte auch sie, „der Ring ist ja ein Traum." Hans-Hugo und Josef tauschten einen vielsagenden Blick hinter den Rücken der Frauen. Langsam setzten sie ihren Weg fort. Hans-Hugo ergriff jedoch nicht wieder Ritas Hand, was diese sehr schade fand.

„Ich rauche mal eine Zigarette", verkündete sie.

Worauf Hans-Hugo meinte: „Darauf habe ich schon gewartet. Du hast heute Nachmittag kaum geraucht, nicht, dass du es dir mir zuliebe noch abgewöhnst."

Rita lachte laut auf und schlug aus Spaß mit der Hand nach ihm. Als schließlich das Meeritim in Sicht kam, sagte Rita: „Du, Hans?" Den Tonfall kannte Hans-Hugo genau und er vermutete, dass Rita ihn um einen Gefallen bitten würde. So war es auch.

„Ist es ein großer Umweg, wenn du uns mal dein früheres Haus zeigst?"

„Nein", antwortete Hans-Hugo, „der Godewindpark ist gleich dort drüben, da können wir gern vorbeigehen."

So kamen sie zunächst am Hotel der Frauen entlang, das mit seinen erleuchteten Fenstern und den angebrachten Lichterketten bis in den Himmel strahlte und bogen dann in die Bertlingsstraße ein, die am Bahnhof mündete. Gleich rechts davon lag der Godewindpark, in dessen Mitte sich ein kleiner idyllischer Teich befand. Eine Frau, die ärmliche Klamotten trug, stand auf einer Holzbrücke und fütterte ein paar Möwen, die laut und freudig kreischten. „Fröhliche Weihnacht überall", rief sie den zwei Paaren zu und winkte. Die vier grüßten zurück. Die Frau lachte sie an, ihr Gesicht war wettergegerbt und ließ vermuten, dass sie schon alt war. „Die Möwen sollen ja auch irgendwie Weihnachten haben", entschuldigte sie sich für die Fütterung.

„Ja", nickte Rita zustimmend, „solange die nicht wieder heute Nacht schreiend vor meinem Balkon vom Meeritim vorbeifliegen, ist mir das recht."

„Rita", meinte Rosi und schüttelte tadelnd den Kopf. Diese Frau teilte ihr vielleicht letztes Brot mit den Vögeln und ihre Freundin trat überheblich auf. Vielleicht dachte das auch die Frau, denn sie entfernte sich rasch und ohne ein weiteres Wort.

„Da", sagte Hans-Hugo und deutete auf die größte und

schönste Villa im ganzen Park. „Das war unser Heim."
Den Frauen verschlug es die Sprache. Die weiße Villa
hatte sogar zwei Türmchen und sah eher aus wie ein
kleines Schloss. Neugierig traten sie näher. Einige Autos
parkten in der majestätisch wirkenden Einfahrt, die ein
großes geschwungenes Eisentor zierte. Rita sah, dass im
Tor „G&H" in schwungvollen Buchstaben eingraviert
war. Sie sah Hans-Hugo an. „Ich habe das Tor damals
Gerlinde zur Silbernen Hochzeit geschenkt", erklärte er
und vergrub seine Hände tief in den Hosentaschen.

„Schön", fand Rosi.

„Ja, wirklich", gab Rita zu, spähte aber bereits nach der
Villa, die rechts danebenstand.

„Die Leute, die die Villa damals kauften, haben sie in
ein kleines Ferienhotel umgebaut", meinte Hans-Hugo.
Doch es schien ihm niemand zuzuhören. Josef und
Rosi hatten nur Augen füreinander. Rita war neugierig
in Richtung Nachbarvilla gegangen. Nun verstand
Hans-Hugo, Rita interessierte sich offenbar für die
Villa Wellengeflüster. Er seufzte und folgte ihr langsam.
Dabei tat er ihr Unrecht, denn das mit der Villa war ihr
eben erst wieder eingefallen. Die Buchstaben von Hans-
Hugo und Gerlinde vereint, wenn auch nur in einem
Tor zu sehen, hatte sie geschockt und daran erinnert,
dass vermutlich immer und egal was passieren würde,
seine frühere Frau zwischen ihnen stehen würde. Der
Rückweg zum Hotel verlief schweigend. Während Josef
Rosi zum Abschied leicht auf den Mund küsste, bekam
Rita nur eine kurze Umarmung von Hans-Hugo.

„Der Mann schafft mich", gab Rita Rosi bekannt,

als sie in den Fahrstuhl stiegen. Den Pagen, der sie natürlich wieder freudig empfangen hatte und jetzt sogar für sie die Etage im Lift drückte, ignorierten sie. Dieser fand das zwar merkwürdig, doch speziell an den Weihnachtstagen reagierten Gäste oft anders als erwartet. Das kannte er schon und bezeichnete es ganz für sich als „Weihnachtsblues". Mitfühlend drückte Rosi ihrer Freundin den Arm. Als sie ihre Suite erreicht hatten, war der Fernseher eingeschaltet und die berühmte Sängerin Helene Fischer sang das Weihnachtslied „Fröhliche Weihnacht überall". Rita grunzte abfällig und wählte die Rufnummer des Zimmer-Services. „Eine Flasche Weißwein und zwar schnell", hörte Rosi sie sagen. Rosi seufzte. Auf einen Schlummertrunk hatte sie heute Abend im Grunde keine Lust mehr, doch sie traute sich nicht, das offen zu sagen. Vermutlich würde auch Rita maximal nur noch ein Glas Wein trinken, denn es war schon spät. Rosi verstand jedoch, dass Rita im Affekt gehandelt hatte und vermutete, dass der Anblick von Gerlindes und Hans-Hugos ehemaligem Haus einfach zu viel für die Freundin gewesen war. So war es dann auch. Nachdem der Room-Service die Flasche Weißwein geöffnet und mit zwei Gläsern serviert hatte, nippte Rita nur kurz an ihrem Glas und schlief dann ein. Rosi beeilte sich die Flasche zu verkorken und stellte sie in der Mini-Bar kalt. Ihr eigenes Glas schüttete sie im Waschbecken aus, dann krabbelte sie glücklich unter ihre Bettdecke.

Am zweiten Weihnachtstag hatte Hans-Hugo seine Freunde im obersten Stockwerk des Meeritims zum Mittagessen geladen. Doch bevor er dorthin ging, führte ihn sein Weg auf den Friedhof von Travemünde. An Gerlindes Grab entzündete er ein kleines Teelicht und legte einen Blumenstrauß nieder, der aus roten Rosen bestand. „Frohe Weihnachten, Liebes, ich konnte leider nicht eher vorbeikommen", murmelte er und schaute sich um. So wie es ausschaute, war er der einzige Besucher des Friedhofs an diesem späten Vormittag. Alle Blumen auf den anderen Gräbern waren schneebedeckt. Hans-Hugo starrte intensiv auf Gerlindes Todestag, der in der Grabplatte eingemeißelt war, den er aber aufgrund des Schneefalls in der letzten Nacht erst freiwischen musste. Auf einmal legte sich eine Hand auf seine Schulter. Er zuckte zusammen.

„Dachte ich mir doch, dass ich dich hier treffe", sagte Josef. Hans-Hugo drehte sich um und hatte Tränen in den Augen, als er seinen Freund erkannte. Die Männer umarmten sich. Josef begann den Grabstein wieder von oben herab mit Schnee zu bedecken. Die Daten waren nun nicht mehr lesbar. Hans-Hugo sah ihn verwundert an.

„Lass los, Hans, das habe ich dir schon in Wülferode auf der Hochzeit von Ina und Basti gesagt", meinte Josef.

„Ja", war Hans-Hugos lang gezogene Antwort.

„Du musst Gerlinde und eure Zeit nicht vergessen, aber lebe im Hier und Jetzt. Wer weiß, wie lange wir selbst noch haben", versuchte Josef es weiter.

„Hier und jetzt heißt Rita?", fragte Hans-Hugo nach.

Josef nickte und zwinkerte seinem Freund aufmunternd zu. Dann nahm er ihn beim Arm und beide verließen das Gelände des Friedhofs. Anders als sonst, drehte sich Hans-Hugo heute am Ausgang nicht noch einmal zu Gerlindes Grab um. Zudem sollte es für lange Zeit sein letzter Besuch auf dem Travemünder Friedhof bleiben. Beide Männer stapften durch den frischen Neuschnee und waren in ihren eigenen Gedanken versunken. Sie nahmen nicht einmal das laute Möwengeschrei über sich wahr.

Als die Freunde mit dem Lift in der obersten Etage des Meeritims angekommen waren, sahen sie, dass der Rest schon vollständig versammelt war. Als Rita Hans-Hugo sah, sprang sie auf und fiel ihm stürmisch um den Hals. Sie begann das Lied zu singen, das den Namen des Restaurants trug, „Über den Wolken". „Es ist so toll hier oben", kreischte sie begeistert und Hans-Hugo vermutete, dass sie bereits ein ausgiebiges Sektfrühstück genossen hatte.

„Fröhliche Weihnachten", grüßte er in die Runde.

„Und diese Aussicht", schwärmte Rosi und hüpfte auf und ab wie ein kleines Mädchen. Hinter den Rücken der Freundinnen machte Ute Hans-Hugo eindeutige Zeichen. Er hatte also recht gehabt, zwei der drei Landfrauen waren gegen Mittag am zweiten Weihnachtstag bereits leicht alkoholisiert. Hans-Hugo seufzte. Das kann ja noch heiter werden, dachte er.

„Wir sind 117 Meter über dem Meer", erklärte Josef sachlich, als ob ihm nichts aufgefallen wäre. „Und über uns ist mit 119 Metern das höchste Leuchtfeuer Europas."

In diesem Moment servierte der Kellner sechs Gläser Prosecco und sagte: „Ein kleiner Weihnachtsgruß des Hauses zur Begrüßung."

„Wir sind schon seit vorgestern da", informierte Rita ihn. Der Kellner grinste, verkniff sich aber, gut ausgebildet wie er war, seinen Kommentar.

„Wie aufmerksam", lobte ihn Rosi.

„119, 117 und wir waren 115 Tage auf Weltreise", krähte Rita vergnügt quer durch das ganze Lokal. Hans-Hugo reichte es und als die Bedienung nach den Getränkewünschen fragte, bestellte er eine Flasche Mineralwasser und sechs Gläser.

„Dörf ik keen Beer drinken?", fragte Kalli erstaunt.

„Und ein Bier", knurrte Hans-Hugo.

„Also, ich hatte noch keinen Sekt zum Frühstück und ich möchte ein Glas Weißwein", bemerkte Ute.

„Bringen Sie am besten eine Flasche Weißwein und ein paar Gläser", kommandierte Rita den Kellner. Hans-Hugo zog die Augenbrauen hoch, sagte aber nichts.

Als der Kellner die Speisekarten reichen wollte, meinte er: „Wir nehmen alle das Menü, danke." Niemand widersprach ihm. Als Vorspeise wurde eine Tomatensuppe serviert.

„Hm, die ist lecker", fand Rosi. Hans-Hugo, der deutlich den Gin in der Suppe herausschmeckte, war weniger begeistert, doch schließlich hatte er eingeladen und ausgesucht und das, ohne einen einzigen Blick in die Karte zu werfen. Rita sprach währenddessen eher dem Wein als dem Mineralwasser zu. Aber sie war durchaus fröhlich und fiel nicht weiter aus der Rolle. Hans-Hugo war für das Erste beruhigt. Als der Kellner allerdings den Hauptgang, Gans an Rotkraut mit Knödeln servierte, musste er schlucken. Seine Freunde sahen ihn an, doch keiner sagte zunächst ein Wort. Hans-Hugo verfluchte sich dafür, dass er nicht wenigstens einen Blick in die Menükarte geworfen hatte. Nun war es zu spät. Überraschenderweise sagte ausgerechnet Rita nach einer Weile: „Gans kann man immer essen, finde ich."

„Fröhliche Weihnachten", rief ausgerechnet die sonst ruhige Rosi aus und erhob ihr Weinglas. Alle stießen an.

Nach dem Essen, als Abschluss, gab es zum Dessert einen gefüllten Bratapfel mit echtem Lübecker Marzipan, schlenderten die Freunde über die Promenade von Travemünde. Es waren viele Menschen unterwegs, denn nach dem eher trüben Morgen war die Sonne herausgekommen. Die Ostseeküste lag im Sonnenschein und gab einen einzigartigen Blick über die Lübecker Bucht frei. Hans-Hugo hoffte insgeheim, dass zumindest Rita und Rosi ein wenig ausnüchtern würden. Leider hatten Ute und Kalli beim Mittagessen ebenfalls dem Alkohol sehr zugesprochen, aber sie waren vergnügt. Rita bestand darauf, an den Strand zu gehen und als sie ein Piratenschiff aus Holz im Sand entdeckte, war sie nicht mehr zu halten. Rosi und Ute folgten ihr und sie enterten das Schiff für sich. Wie Kinder kletterten sie auf diesem herum und ab und an klang ein Juchzen bis an die Promenade, auf der die Männer stehen geblieben waren. Über ihnen kreiste ein Möwenpaar, das laut kreischte, doch die Landfrauen übertönten die Vögel mit ihren Begeisterungsausrufen heute eindeutig.

„Lustig", fand Kalli und nahm einen Schluck aus seinem Flachmann, den er aus der Jackentasche gekramt hatte.

„Ach?", fragte Hans-Hugo, „den hast du noch?"

„Klar", meinte Kalli, „im Gehstock ist nur die Notreserve."

Hans-Hugo hatte sich diesen zweiten Weihnachtstag irgendwie ganz anders vorgestellt. Doch als die Landfrauen wieder aufgeregt angelaufen kamen und er die Freude in ihren Augen sah, stellte er seine eigenen Ansprüche an den Tag zurück. Er nahm Rita in den Arm und forderte mit einer Handbewegung den Rest auf, ihm zu folgen. „Kommt Leute, wir gehen bis zum Ende der Promenade, dort befindet sich die Süffige Seebrücke, eine kleine, aber feine Bude aus Holz. Ich gebe einen Kaffee aus."

„Juhu", schrie Rita und küsste Hans-Hugo direkt auf den Mund. Dieser erwiderte den Kuss.

Josef nahm Rosi in den Arm und murmelte: „Na, es wird doch."

Kalli und Ute sahen sich überrascht an. Sollten sie nicht länger das einzige offizielle Paar bleiben, was aus der Zufallsbekanntschaft auf der Insel Teneriffa vor zwei Jahren zueinander gefunden hatte? „Na, denn mal frohe Weihnachten! Lasst uns gehen", meinte Kalli, und zeigte mit seinem Stock die Promenade entlang. Die Süffige Seebrücke lag am Ende der Promenade. Sie war eine einfache Bude aus Holz, aber auf ihrem Vorplatz standen zahlreiche Stühle und Tische. Eine durchsichtige Plane war ringsherum gespannt und im Inneren standen mehrere wärmende Heizlüfter. Leider waren alle Tische besetzt, als die Freunde eintrafen. Doch sie hatten Glück, an einem der vordersten Tische stand gerade eine Gruppe Jugendlicher auf und winkte ihnen zu. Über den Rattanstühlen lagen kuschelige blaue Wolldecken. Alle mummelten sich ein und genossen den Blick über die weite Ostsee, der sich ihnen von hier aus bot. Hans-Hugo blieb stehen.

„Setzt du dich nicht?", wollte Rita wissen.

„Hier ist Selbstbedienung", erklärt er, „was mögt ihr denn?"

„Na, Schnaps", johlte Kalli und Hans-Hugo trottete kopfschüttelnd Richtung Bude.

„Das ist hier einfach zauberhaft", rief Rosi. „Schaut mal die kleine Seebrücke aus Holz, dort ein Kunstwerk aus Stein und da drüben eine tolle Villa, die ein Türmchen aus Glas ziert."

Josef strahlte, nahm ihre Hand und meinte: „Du bist zauberhaft, Rosi." Diese errötete, drückte aber seine Hand fest zurück. Ute nahm sich vor, ihre Freundinnen bei der nächst besten Gelegenheit, die sich unter sechs Augen ergeben würde, zu fragen, was hier eigentlich los war. Hans-Hugo kehrte an den Tisch zurück, ihm folgten zwei Angestellte. Alle balancierten Tassen aus Keramik in den Händen, aus denen es dampfte. „Eine

Runde Kaffee", freute sich Rosi und klatschte in die Hände.

„Jo", stimmte einer der Männer zu, der hier als Bedienung arbeitete. „Sechsmal Kaffee für Tisch 10."

„Tisch 10?", kreischten die drei Landfrauen wie aus einem Mund.

Der zweite Kellner erschrak bei dem Gebrüll und verschüttete fast die Kaffeetasse, die er auf den Tisch stellen wollte.

„Ja", sagte der andere Angestellte, „dies ist unser Tisch 10. Ist damit etwas nicht in Ordnung?"

Hans-Hugo klopfte ihm auf die Schulter, reichte ein mehr als großzügiges Trinkgeld und sagte: „Es ist alles in Ordnung, die Damen lieben es an Tisch 10 zu sitzen, egal ob in Travemünde oder dem Rest der Welt." Die Runde brach in ein schallendes Gelächter aus und die zwei Kellner stimmten gern mit ein, obwohl sie es nicht verstanden, worum es ging. Aber das war egal, bei ihnen war der Kunde König und sollte sich wohl fühlen.

Nachdem sie ihr Heißgetränk genossen hatten, bestellten die Freunde ein Taxi. Eigentlich wollte Hans-Hugo mit ihnen in seine Penthouse Wohnung fahren und eine Fischplatte kommen lassen. Doch niemand hatte mehr Hunger. So kamen sie Kallis Bitte nach, der ihnen unbedingt seine heute geöffnete Stammkneipe, das Bootsdeck, zeigen wollte. Ute war zwar nicht begeistert, fügte sich aber ihrem Schicksal. Das Taxi setzte sie direkt vor dem Bootsdeck ab. Ringsherum standen Häuser, die noch im Bau und eingerüstet waren. Diese würden in naher Zukunft die angekündigten Strandvillen werden. Neugierig sahen sich die Landfrauen um. Die alte Kneipe wirkte in diesem Umfeld wie das Relikt aus einer vergangenen Zeit. Es war ein kleines, aus Stein erbautes Haus, das ein rotes Dach zierte. Bei genauerer Betrachtung hatte das Dach schon mal bessere Tage gesehen. Die Fenster des Gebäudes waren mit grünen Gardinen verhängt, sodass sie nicht hineinsehen konnten. Hans-Hugo öffnete die Eingangstür. Sie war aus massivem Holz und knarrte ein wenig. Wirtin Inge, die alleine in ihrer Kneipe saß, freute sich sichtlich, als sie das Knarren hörte. Sie erkannte Kalli und jubelte. Freudig fiel sie ihm um den Hals. Kalli stellte seine Freunde vor und sie begrüßte die Frauen und speziell Ute mit so viel Herzlichkeit, dass jegliche Skepsis sofort verschwand. Hans-Hugo, der diese Bar, die als Spelunke in Travemünder Kreisen galt, noch nie betreten hatte, sah sich zögernd um und kam zu dem Schluss, dass es hier doch ganz gemütlich war. Seine Gerlinde wäre entsetzt gewesen, das wusste er, doch heute hatte eine neue Zeitrechnung begonnen. Die Wände aus Stein waren von innen mit Holz verkleidet. Auch die Tische und Stühle waren aus diesem Material. Die unzähligen maritimen Seemannsbilder hingen sicher schon viele Jahre hier. Über dem Tresen war längsseits ein großer messingfarbener Anker drapiert. Sie bestellten Bier, und Inge gab auf Kosten des Hauses und, weil Weihnachten war, einen Korn dazu aus. Nachdem alle angestoßen hatten, begann sie ihr Leid zu klagen. Sie kramte ein Schreiben aus der Tasche, das sie von dem Investor der

Waterkant ausgerechnet am Heiligen Abend erhalten hatte. Es besagte, dass die Abrissarbeiten des Bootsdecks direkt nach Neujahr beginnen würden. Kalli schüttelte fassungslos mit dem Kopf. Inge zapfte ungefragt eine zweite Runde Bier und erzählte den Freunden wie viel sie mit diesem Lokal verband. Vor fast fünfzig Jahren baute und gründete sie einst mit ihrem Mann Hermann das Bootsdeck. Da war sie jung gewesen, so um die 20 Jahre. Als gelernte Hauswirtschafterin schmiss sie alles hin, heiratete einen Mann, der doppelt so alt war wie sie und wurde glücklich. „Die schönsten Jahre meines Lebens habe ich hier verbracht", jammerte sie und begann zu weinen. „Als Hermann vor 18 Jahren starb, machte ich weiter, denn ich wusste, es war in seinem Sinne. Ich fühle mich ihm nicht auf dem Friedhof nah, sondern hier."

Ausgerechnet Ute ging um den Tresen herum und nahm Inge in den Arm. „10.000 Mark will dieser Investor mir zahlen, wenn ich weiche", jammerte Inge, „wie soll ich denn davon weiterleben? Ich brauche doch die Einnahmen zum Leben, ich habe nur eine klitzekleine Witwenrente."

„Euro, du meinst Euro", half Kalli weiter.

Inge rieb sich die Tränen aus den Augen und meinte: „Das ist ja heute auch egal. So eine Wohnung von 80qm in einer der Strandvillen kostet über 400.000 Mark, da muss doch meine Kneipe mehr wert sein." Rita, die gegen ihre Gewohnheit die ganze Zeit geschwiegen hatte, hieb mit der Faust dreimal hintereinander auf den Tisch.

„Das werden wir verhindern", grölte sie.

Alle, inklusive Inge, sahen sie überrascht an. Rita suchte Hans-Hugos Blick. Er wusste genau, was dieser Blick zu sagen hatte.

„Ich, ähm, ich kann ja mal mit Theo sprechen, vielleicht kann ich eine höhere Summe verhandeln. Die Lage ist hier schließlich deutlich mehr wert, wenn ich an die Quadratmeterpreise von Travemünde denke", stimmte er zu. Insgeheim überlegte er, wo außerhalb des Friedhofs eigentlich der Ort lag, an dem er Gerlinde nahe war. Auf seinem Schiff? Dann verwarf er diesen Gedanken an seine tote Frau wieder. Jetzt ging es hier und heute um andere Dinge. Inge hatte aufgehört zu weinen und sah zu Rita hinüber.

„Diese Bar wird auch in 50 Jahren noch stehen und dafür werden wir sorgen, oder Mädels? Nur eben mit hübschen Strandvillen drumherum. Das bringt auch neue Kunden für das alteingesessene Bootsdeck", rief Rita.

„Aber ja", war die eindeutige Bestätigung von Rosi und Ute. Sie wussten zwar nicht wie Ritas Plan war, doch wenn die Freundin wollte, dass etwas passierte, dann schaffte sie das auch. Das galt auch für das Gegenteil.

„Ihr seid mein größtes Weihnachtsgeschenk. Fröhliche Weihnachten", murmelte Inge dankbar.

Möwengeflüster

Auch Kraki und Mecki hatten zauberhafte Weihnachtstage verbracht. Mecki hatte ihrem Möwenmann die nicht vorhandene Kuschelstunde in der Heiligen Nacht verziehen. Dafür war er mit ihr mehr als sonst ausgeflogen. Auch, dass sie sich so intensiv an diese alten Frauen heftete, tolerierte er. Warum sie gerade diese so spannend fand, hatte sich ihm jedoch nicht erschlossen. Bisher hatte er sie nur essen und trinken gesehen und fand sie, genau wie alle anderen Pauschalurlauber, die zum Jahresausklang nach Travemünde kamen, langweilig und alt. Als sie am Abend des zweiten Weihnachtstages kuschelig auf der Lotsenstation saßen und verfolgten, wie die Fähre Nils Holgerson pünktlich um kurz nach 22 Uhr auf die Ostsee hinaus glitt, meinte Mecki: „Was die Frauen wohl stundenlang am zweiten Weihnachtstag in dieser alten Spelunke auf dem Priwall gemacht haben?" Kraki zuckte mit den Flügeln, denn erstens wusste er es nicht und zweitens war ihm das auch egal.

„Die Kneipe wird sicher bald abgerissen", vermutete er, „passt ja auch gar nicht zu den ganzen Neubauten." Mecki zuckte leicht mit dem linken Flügel und sah ihren Mann an. „Aber die ist doch schon ewig da."

„Genau deshalb", war Krakis Antwort. Mecki schaute hinüber zum Priwall. Auf der Passat waren noch Lichter an und sie tippte auf eine nachträgliche Weihnachtsfeier in Luke 2. Dort fanden das ganze Jahr über immer große Feste statt. Inges Bootsdeck dagegen lag im Dunklen, aber es war auch schon spät. Die Neubauten, die sich deutlich am Nachthimmel erhoben, sahen im Mondlicht grau und fast bedrohlich aus.

„Trostlos irgendwie", fand Mecki.

„Hm?", machte Kraki, doch sie schwieg. Sie ahnte, dass er gern schlafen würde und beschloss für heute ihren Schnabel zu halten. Morgen war schließlich auch noch ein Tag.

Vom Himmel hoch da komm ich her ...

Am Morgen des 27. Dezembers erledigte Hans-Hugo als erstes den Umzug von Rita und Rosi vom Meeritim in das Ferienhaus auf den Priwall. Der Page des Hotels winkte den Landfrauen zum Abschied freundlich zu. „So ein Page ist eigentlich praktisch", fand Rita, „den werde ich vermissen, denn nun muss ich mir wieder selbst die Tür aufmachen." Rosi kicherte albern. Doch der Angestellte war schnell vergessen, als die Frauen das kleine mitten in den Dünen gelegene Häuschen sahen. Es hatte ein rotes Dach und bot eine hervorragende Aussicht auf den langen Sandstrand und die Ostsee. Rita schlenderte in ihrem neuen Heim herum und inspizierte jedes Detail. „Im Kühlschrank liegen sechs Flaschen Prosecco", freute sie sich lauthals. Hans-Hugo grinste. Rosi, ebenfalls auf Entdeckungstour, hatte bemerkt, dass das Haus neben einem großzügigen Wohnzimmer über drei Schlafzimmer verfügte. Die Wohnküche war zudem mit allem Komfort wie zu Hause ausgestattet: Spülmaschine, Designerherd, Mikrowelle, Kaffeemaschine. Auch die Geschirrausstattung war überaus komfortabel, wie Rosi bemerkte, als sie die ersten Schränke öffnete. Lediglich die Anzahl an Schlafräumen irritierte sie.

„Hans", rief sie, „es ist zauberhaft hier, aber wir brauchen doch keine drei Schlafzimmer!"

„So kurzfristig war kein anderes Haus mehr frei", log Hans-Hugo und grinste erneut.

Wer in Zimmer Nummer drei einziehen würde, war vorerst noch sein Geheimnis. Da er einen Termin im nahen Lübeck hatte, bot er den Frauen an, sie im Auto mit in die Vorderreihe zu nehmen. Diese freuten sich über den Vorschlag, denn sie wollten einige Einkäufe erledigen. Sie deckten sich mit ein paar Lebensmitteln ein und besuchten schließlich das Café Hochegger in der Vorderreihe. Es befand sich in einem der historischen alten Häuser, die im ersten Stock eine geschlossene Veranda beherbergten, von der die Frauen einen schönen Blick auf das Treiben in der Vorderreihe hatten. Die Marzipantorte schmeckte genauso wundervoll wie Josef sie beschrieben hatte. Süß, gepaart mit einer Tasse Kaffee, den beide schwarz genossen, eine wahre Geschmacksexplosion im Mund. Als der letzte Krümel verspeist war, lehnten sich die Freundinnen entspannt zurück. Sie beobachteten einen großen weißen Frachter, der gerade den Hafen von Travemünde verließ. Rita seufzte sehnsuchtsvoll. Sie zückte einen Block und einen Stift und meinte zu Rosi: „So, wir notieren jetzt mal unsere Ideen zur

Rettung des Bootshauses. Heute ist Mädelsabend, und wir müssen die Zeit effektiv nutzen, um unsere Aktion vorzubereiten." Rosi nickte. Sie freute sich schon sehr, dass sie nach langer Zeit mal wieder mit Ute und Rita einen Abend zu dritt verbringen würde. Während Rita hin und her schwadronierte, sah Rosi auf die Straße und zuckte plötzlich zusammen. Rita entging das nicht. Sie sah ebenfalls auf die Straße, konnte aber nichts Besonderes entdecken. „Was hast du denn?", fragte sie die Freundin genervt. Sie hasste es, wenn man sie bei etwas unterbrach.

„Ach, nichts", wich Rosi aus. Rita setze ihre Ausführungen fort. Was auch immer ihre Freundin eben bewegt hatte, interessierte sie momentan nicht so sehr. Doch das würde sich noch ändern. Bei ihren eifrigen Überlegungen bemerkte sie nicht, dass Rosi schwieg. Das tat sie schließlich öfter und Rita fand es deshalb nicht ungewöhnlich. Rosi jedoch beschäftigten momentan ganz andere Gedanken als die Rettung des Bootshauses. Sie befürchtete, dass eine Katastrophe unmittelbar bevorstand.

Ute kam pünktlich zum Raclette-Abend. Am Vormittag war sie mit Kalli beim Arzt gewesen. Die Heilung seines Beins verlief gut, es war lediglich ein Kontrolltermin gewesen. „Bald läuft er wieder ganz normal", freute sich Ute, während sie sich neugierig in der neuen Behausung der Freundinnen umsah.

„Oh, schön", rief Rosi aus der Küche, die noch schnell ein wenig Paprika schnitt und schaute, ob die Kartoffeln gar waren.

„Bestens", war Ritas Kommentar, die faul auf der Couch lag und an einem Glas Prosecco nippte.

„Gibt es hier auch was zu trinken?", wollte Ute wissen, da brachte Rosi für die Freundin schon ein gefülltes Glas aus der Küche. Sie stießen an. Ute nahm einen Schluck und dann wollte sie wissen: „Für wen ist eigentlich das dritte Zimmer, für Hans-Hugo oder für Josef?" Rita und Rosi blickten die Freundin entgeistert an. Diese lächelte und meinte: „Na, da geht doch was mit euch und den Jungs."

Rita leerte ihr Glas und sagte: „Quatsch." Ute begann schallend zu lachen.

„So kurzfristig gab es kein kleineres Haus, meinte Hans-Hugo", versuchte Rosi zu erklären. Ute schlug sich vor Lachen auf die Knie.

Rita steckte sich genüsslich eine Zigarette an und fragte: „Wie kommst du nur darauf, dass zwischen mir und Hans-Hugo etwas sein könnte?"

„Josef und ich sind gute Freunde geworden", gab Rosi zu, „aber mehr ist da nicht." Ute hieb sich mit der flachen Hand an die Stirn. Einen Moment schwiegen alle.

Dann sagte Ute: „Mädels, wenn ihr im Alter noch mal das Glück habt, einen passenden Mann zu finden, dann solltet ihr zugreifen." Sie hielt Rosi ihr ebenfalls leeres Glas unter die Nase. Diese war froh über die Ablenkung und rannte sofort in die Küche. Rita erhob sich von ihrer Couch und begann im Wohnzimmer auf und ab zu tigern. Als Rosi mit der Flasche zurückkehrte, ließ sie sich ebenfalls nachschenken. Sie wandte sich an Ute. „Kalli und du", dabei zeigte sie auf die Freundin und spießte sie fast mit dem Zeigerfinger auf, „das war ja gleich am ersten Abend auf Teneriffa klar. Aber Hans-Hugo, der hängt immer noch an seiner verstorbenen Frau. Was bin ich denn da? Beiwerk? Gerlinde Nummer zwei?" Ute ging zu Rita und nahm sie in den Arm, gemeinsam setzten sie sich wieder auf das Sofa. Ute streichelte Ritas Hand, was sich diese gefallen ließ.

„Glaubt ihr, Kalli spricht nie von seiner verstorbenen Frau?", fragte Ute.

„Ach, tut er das?", piepste Rosi.

„Ja", bestätigte Ute, „das tut er, aber es macht mir nichts aus, das ist doch vorbei und wir leben im Hier und Jetzt."

„Nun ja", gab Rita zu, „Hans-Hugo gefällt mir schon."

„Ich mag Josef auch so sehr", beteuerte Rosi. Ute strahlte.

„Dann ergreift die Chance, Mädels, wir werden alle nicht jünger." Sie stießen erneut an. Rosi bat schließlich zu Tisch und alle ließen sich das Raclette mit den umfangreichen Beilagen schmecken. Dabei besprachen sie gemeinsam ihre Pläne, wie sie Inges Bootshaus in den nächsten Tagen vor dem Abriss retten wollten. Rita war der Ansicht, sie sollten sich selbst an die Bauzäune ketten, während Ute laut überlegte, ob man nicht irgendwo in Travemünde gefährliche Hunde ausleihen könnte. Rita kam wiederum die Idee, auf das flache Dach des Bootsdecks zu klettern und dort einen Sitzstreik abzuhalten. Der schüchternen Rosi wurde mulmig und ihr Vorschlag, doch vielleicht mit einfachen Transparenten zu arbeiten, war ihren Freundinnen zunächst viel zu langweilig.

„Wir könnten auch eine Menschenkette bilden", schlug Rita vor.

„Oder wir setzen uns einfach in die Baggerschaufeln", überlegte Ute. Die Landfrauen hatten noch viele Ideen an diesem Abend und je später es wurde, desto abenteuerlicher wurden diese. Hätte der Berater des Investors nur einen Bruchteil der kühnen Pläne gehört, wäre ihm angst und bange geworden. Doch dieser telefonierte zur gleichen Zeit mit seinem Freund Hans-Hugo. Er hatte große Neuigkeiten, und dabei ging es ausnahmsweise nicht um das Projekt Waterkant.

Es war schon nach 22 Uhr, als das Telefon im Haus der Landfrauen klingelte. Ute und Rosi waren dabei die Küche aufzuräumen, während Rita sich auf der Couch niedergelassen hatte, um eine Zigarette zu rauchen. Rita griff zum Hörer. Ihr Gesicht begann zu strahlen, als sie Hans-Hugos Stimme vernahm. „Hans", säuselte sie, „wie geht es dir?"

„Gut", war seine Antwort.

„Wolltest du mir Gute Nacht sagen?", fragte Rita und wickelte die Schnur des Telefons um ihren rechten Zeigefinger.

„Hast du was getrunken?", meinte Hans-Hugo am anderen Ende der Leitung.

„Ja, nein, also nicht viel. Wir hatten doch unseren Mädelsabend heute. Es gab Raclette und …", weiter kam Rita nicht, denn Hans-Hugo unterbrach sie. Was er ihr in den folgenden Minuten erzählte, erfreute sie sehr, denn es passte hervorragend zu ihren Plänen. Leider verabschiedete sich Hans-Hugo nach seinen Ausführungen zu schnell, aber immerhin versprach er zum Frühstück am nächsten Morgen vorbeizukommen. Ute und Rosi kamen aus der Küche zurück.

„Wer hat denn angerufen?", fragte Rosi neugierig.

„Hans", hauchte Rita und lächelte.

„Aha", machte Ute und grinste vielsagend.

„Gar nichts aha", schrie Rita und schlug mehrfach mit der flachen Hand auf die Couch. Verständnislos sahen die Freundinnen sie an. „Mädels", rief Rita, „es gibt Neuigkeiten, die genau zu unseren Plänen von heute Abend passen."

„Erzähl", rief Ute aus.

Natürlich ließ Rita sich nicht lange bitten. Sie berichtete, dass Theo, der Berater des Investors der Waterkant, heute Abend seinen Freund Hans-Hugo angerufen hatte. Er war erst vor Kurzem von einer Kreuzfahrt in der Karibik zurück nach Travemünde gekehrt. Und das nicht allein! An Bord hatte er sich unsterblich verliebt! Er hatte Hans-Hugo für den 30. Dezember auf eine Party im Freundeskreis eingeladen, um seine zukünftige Braut vorzustellen, die er schon am Silvestertag auf der Viermastbark Passat heiraten wollte. Nachdem er von Hans-Hugo gehört hatte, dass der Besuch habe, hatte er kurzerhand alle mit eingeladen. So war Theo eben. „Was?", jubelte Ute. „Wir feiern Silvester auf der Passat?"

„Ich weiß nicht", fand Rosi, „der Theo ist doch bestimmt auch nicht mehr der Jüngste, wie kann man denn so überstürzt heiraten?" Rita, die unterdessen die Sektgläser nochmals gefüllt hatte, schüttelte verächtlich mit dem Kopf.

„Ihr kapiert gar nichts", meinte sie. „Es geht mir doch nicht um die Hochzeit oder die Silvesterfeier."

„Nee?", piepste Rosi, „worum denn dann?"

„Na, um die Waterkant! Um Inges Bootshaus! Wir haben jetzt die Chance ganz nahe an den engsten Berater des Investors heran zu kommen." Ute trank einen Schluck und sah die Freundin nachdenklich an.

Schließlich sagte sie: „Ja, und was nutzt uns das?"

„Weiß ich noch nicht", lächelte Rita, aber wir werden was draus machen. Die Chance ist einmalig." Rosi blickte nachdenklich vor sich hin. Sie hatte ein flaues Gefühl im Magen und das hatte ihr bisher im Leben immer recht gegeben.

„Hat Hans-Hugo gesagt, wie Theos zukünftige Frau heißt?", wollte sie wissen.

Rita zeigte ihr einen Vogel und meinte: „Also, wie die nun heißt, ist wirklich so dermaßen uninteressant. Kapiert ihr nicht die Chance, die sich uns bietet?"

„Doch, doch", pflichtete Rosi ihr sofort bei und schob ihren unangenehmen Gedanken zu Seite und sagte: „Wie geht es nun weiter?". Rita streckte gemütlich ihre Beine auf der Couch aus.

„Hans-Hugo kommt morgen zum Frühstück vorbei und dann werden wir sehen. "

Am nächsten Tag hielt bereits gegen 9 Uhr morgens ein voll bepackter kleiner Wagen vor dem Holunderhof. Als Ina die Autotür öffnete, schoss ihr Hund, Herr Schmitt, pfeilschnell an ihr vorbei und begrüßte schwanzwedelnd den bereits wartenden Hans-Hugo. Ina lachte laut auf. Herzlich drückte sie Hans und nun stieg auch ihr Mann Sebastian, den alle nur Basti nannten, aus dem Auto. Die drei umarmten sich innig und Hans-Hugo schielte zum Auto hinüber. „Schläft Filippa?", wollte er wissen.

„Ja, seit der Heide", antwortete Basti und man sah ihm an, dass er darüber froh war.

Filippa war im April geboren worden, als die Landfrauen auf Weltreise waren. Im August hatte die Taufe und zugleich die kirchliche Hochzeit von Basti und Ina in Wülferode stattgefunden. Bei dieser Feier machte das Brautpaar die Landfrauen zu Patentanten und irgendwie fühlten sich auch Josef, Hans-Hugo und Kalli für das Wohlergehen der Kleinen verantwortlich.

„Wie war denn eure Hochzeitsreise?", wollte Hans-Hugo wissen. Gemeinsam mit den anderen hatte er Ina und Basti zur Hochzeit eine Kreuzfahrt um die Kanarischen Inseln geschenkt.

„Traumhaft", strahlte Ina, „aber beim Abnehmen hat sie mir nicht geholfen." Sie lachte. Seit Filippa zur Welt gekommen war, versuchte sie verzweifelt, die fünf Kilo abzunehmen, die nach der Geburt hängen geblieben waren - leider ohne Erfolg.

„Ich liebe dich so wie du bist", sagte Basti und küsste sie sanft auf die Nasenspitze. Ina, die viel zu aufgeregt für Turteleien war, schob ihren Mann zur Seite. Hans-Hugo, der neugierig ins Auto spähte, um einen Blick auf die Kleine zu erhaschen staunte: „Ach, da ist sie ja, man, ist die groß geworden!"

„Acht Monate ist sie nun schon", bestätigte Basti stolz. „Du, sie beginnt schon zu krabbeln."

„Herrlich", fand Hans-Hugo.

„Die Mädels haben keinen Schimmer, dass wir kommen?", wollte Ina wissen. Hans-Hugo schüttelte mit dem Kopf. Ina klatschte vor Freude in die Hände.

„Lasst uns fahren", meinte Basti, „wenn Filippa aufwacht hat sie Hunger, und wenn sie Hunger hat, wird sie zu einer Sirene!" Hans-Hugo klopfte Basti freundschaftlich auf die Schulter. Ina quetschte sich zu ihrer Tochter auf den Rücksitz, während Hans-Hugo auf dem Beifahrersitz Platz nahm, um Basti den Weg zum Ferienhaus zu weisen.

„Ist hier eine Großbaustelle?", wollte Basti wissen, als sie am Passathafen vorbeifuhren. Ungläubig starrte er auf die grauen, halbhoch eingerüsteten Gebäude.

„Hier entsteht gerade die Priwall Waterkant", erklärte Hans-Hugo, „ein seit Jahren umstrittenes Bauprojekt, was nun genehmigt wurde.

„Aber warum baut man denn gerade hinter diesem schönen alten großen Segelschiff da vorn einen riesengroßen Hotelkomplex?", hakte Ina nach. „Der Hotelkomplex verschandelt doch die ganze Ansicht auf die Hafeneinfahrt." Hans-Hugo zuckte hilflos mit den Schultern.

Mit Blick auf das hohe Meeritim gegenüber sagte

Basti: „Vielleicht gibt es in Travemünde nicht genug Hotelkapazitäten." Seine Stimme hatte einen leicht sarkastischen Unterton, wie es so typisch für ihn war. Zur Bestätigung bellte Herr Schmitt einmal laut auf.

Ina wollte wissen: „Warum gibt mein Hund, den du mir geschenkt hast, nur immer dir recht?" Basti lachte laut auf und griff nach der Hand seiner Frau.

Rosi stand auf der Veranda ihrer Strandwohnung und versuchte diese verzweifelt mit einem Besen von dem lästigen Flugsand zu befreien. Dass sie dies nun täglich mehrere Male machen würde, wusste sie an diesem Morgen noch nicht. Eine Weile hielt sie inne und sah zum Strand hinüber. Heute war gute Sicht und sie sah Möwen, die ihre Kreise über dem Meer zogen. Sie bewunderte die Flugkünste der Vögel eine Weile und dachte, dass es schön sein musste, so viel Freiheit spüren zu können. Plötzlich stand ein kleiner Hund vor ihr und bellte. Ungläubig schaute sie ihn an, er kam vertraulich näher und als sie ihn streichelte, leckte er ihre Hand. „Rita, komm mal her", rief sie ins Haus.

„Wieso?", fragte diese und machte keine Anstalten von ihrem Sofa aufzustehen. Im Fernsehen lief eine Dokumentation über Kreuzfahrten und aktuell wurde gerade die Südsee gezeigt.

„Hier ist ein Hund", sagte Rosi.

„Na, und?", gab Rita zurück und strich sich eine Träne aus dem Gesicht, als der Hafen der Insel Tonga eingeblendet wurde. Einheimische begrüßten die Kreuzfahrtgäste gerade mit Musik und Tänzen.

Sehnsuchtsvoll seufzte Rita. „Scheuch ihn doch mit dem Besen weg!"

„Er sieht aus wie Herr Schmitt", schrie Rosi.

„Der sieht nicht nur so aus, der ist es", ertönte eine weibliche Stimme, die Rosi allzu gut bekannt war.

„Was macht ihr denn hier?", wollte diese wissen und starrte ungläubig, als sie hinter Ina auch noch Basti mit Filippa erkannte.

„Vom Himmel hoch, da komm ich her", begann Ina zu singen.

„Mit euch Silvester feiern", meinte Basti und umarmte die überraschte Rosi herzlich. Diese stieß, ganz gegen ihre sonstige Art, einen lauten Freudenschrei aus. Nun verstand auch Rita, dass sie ihre Sendung nicht in Ruhe zu Ende sehen konnte. Sie rappelte sich hoch, trat aus der Tür und schaute mindestens genau so überrascht wie Rosi drein. Es folgten weitere herzliche Umarmungen und das weckte schließlich auch das Baby auf. Es begann laut und anklagend zu schreien.

„Los, alle reinkommen, unser Baby hat Hunger", kommandierte Rita. Bei einem Gläschen Sekt erzählte Ina, wie sie mit Hans-Hugo zusammen den Plan für diesen Überraschungsbesuch ausgeheckt hatte. Basti stand derweil mit seiner immer noch schreienden Tochter in der Küche und machte ihr ein Fläschchen mit Milch warm.

„Wie lange könnt ihr denn bleiben?", wollte Ute wissen.

„Deshalb das Ferienhaus mit den drei Zimmern", unterbrach Rosi und warf strahlende Blicke in Richtung

Hans-Hugo.

„Bis zum 2. Januar", freute sich Ina und ergänzte, „Basti muss am 3. wieder arbeiten."

„Oh, schön", freute sich Rosi.

„Heute Abend ist hier Party", grölte Rita, „ich rufe die anderen gleich alle an."

„Oh", sagte Rosi, „dann müssen wir noch einkaufen gehen."

Hans-Hugo lachte und erwiderte: „Nein, müsst ihr nicht, ich habe mir erlaubt ein paar Fischplatten von Neudörp vorzubestellen. Die werden heute Nachmittag geliefert, genauso wie die Getränkelieferung vom Supermarkt Pick."

Rita sprang auf und fiel ihm um den Hals. Stürmisch küsste sie ihn auf den Mund. Ina schaute Rosi an, doch diese tat so, als würde sie es nicht bemerken. Basti, der gerade mit seiner Tochter auf dem Arm aus der Küche kam, verzog ebenfalls keine Miene. Auf dem Esstisch sah er eine Landkarte liegen. Neugierig trat er näher und sah, dass es sich dabei um die Umrisse des Priwalls und den Passathafen handelte. Mit einem roten Stift war eine Stelle nahe der Fähre eingekreist. Rita kam angelaufen und riss die Karte an sich. Schnell faltete sie diese zusammen.

„Was hat das denn jetzt zu bedeuten?", wollte Basti wissen.

„Nichts", log Rita und sagte dann, „ach meine Kleine, komm doch mal zu deiner lieben Patentante auf den Arm." Innig drückte sie das Kind an sich. „Du, Hans?", fragte Rita.

„Ja?", sagte dieser.

„Dürfen Ina und Basti auch mit zu Theos Empfang? Wir können sie hier doch nicht alleine lassen."

„Natürlich, alles organisiert", lautete Hans-Hugos Antwort.

„Super", jubelte Ute, „und Silvester feiern wir alle Hochzeit auf der Passat." Basti und Ina sahen sich verständnislos an. Die Landfrauen waren erst ein paar Tage in Travemünde und es machte ganz den Anschein, als wenn sie dieses Ostseebad schon fest im Griff hätten. Hans-Hugo beeilte sich das junge Paar aufzuklären.

Als Ina und Basti spät am Abend endlich im Bett lagen und ihre Tochter schlief, sagte Ina: „Hier stimmt was nicht."

„Richtig", war Bastis Antwort.

„Wie Rita den ganzen Abend um Hans-Hugo herumgeschlichen ist und dann die Blicke, die Josef Rosi und umgekehrt zugeworfen haben. Da geht was, aber warum sagen sie es uns nicht", lamentierte Ina.

„Ach, das meinst du", meinte Basti.

Ina drehte sich zu ihrem Mann um und wollte wissen: „Was meintest du denn?"

Sie schüttelte mit dem Kopf. Das war mal wieder typisch Mann, dass er nicht spürte, dass da was in der Luft lag. Basti setzte sich im Bett auf.

„Die Mädels ermitteln wieder in einem Fall. Ich habe genau gesehen, wie Rita heute Mittag diese Landkarte vor mir versteckt hat. Ich habe sie später, als ihr alle spazieren ward, im Küchenschrank wiedergefunden.

Da ist eine Stelle auf dem Priwall in rot markiert. Im Wohnzimmerschrank, als ich auf der Suche nach Gläsern war, habe ich durch Zufall Entwürfe für Handzettel und Transparente gefunden."

„Was?", staunte Ina und saß kerzengerade im Bett. Basti nickte. „Was genau stand denn auf den Entwürfen?", wollte sie wissen. Basti erzählte, dass es um irgendeine Bar ging, die Bootsdeck hieß und die anscheinend wegen des Baus der Priwall Waterkant abgerissen werden sollte.

„Und was haben die Mädels damit zu tun?", fragte Ina und sackte zurück in die Kissen.

„Keine Ahnung", gähnte Basti müde, „wir werden es schon noch erfahren."

Als Ina am nächsten Morgen mit Rosi nach dem Frühstück die Küche aufräumte, sprach sie die Freundin auf die Handzettel und Transparente an. Die Gelegenheit war günstig, denn Rita war mit Basti und Filippa zu einem Spaziergang in den nahegelegenen Passathafen aufgebrochen. Rosi wand sich erst ein wenig, erzählte dann aber treu und brav die ganze Geschichte. Dabei berichtete sie auch, welche Rolle der Besuch bei Theo morgen spielen würde. Ina schüttelte mit dem Kopf. Konnten die Landfrauen nicht einmal einen ruhigen Jahresausklang feiern? Letztes Jahr auf Sylt hatten sie einen vermeintlichen Mörder gejagt, der angeblich ein Ehepaar entführt und eine Jacht versenkt hatte. Dabei hatten sie die ganze Insel mitsamt Polizei auf den Plan gerufen. Zum Glück löste sich der Fall friedlich, doch

Ina und Basti hatten sich damals die Tage rund um ihre standesamtliche Hochzeit in Westerland anders vorgestellt. Nachdem Ina die Spülmaschine angestellt hatte, meinte sie zu Rosi: „Was geht euch diese Kneipe an?"

„Inge ist eine langjährige Freundin von Kalli, da müssen wir doch helfen!", war die Antwort. In Rosis Stimme lag so viel Nachdruck, dass Ina kapierte. Wenn die ruhigste und vernünftigste der Landfrauen schon so beharrlich reagierte, dann war da nichts zu machen. Aufhalten lassen würden sie sich niemals. Ina seufzte. „Du, mal was anderes, ich glaube, ich habe Doris neulich in Travemünde gesehen", vertraute Rosi Ina an.

„Doris?", fragte Ina erstaunt. Rosi nickte.

„Rita und ich saßen in einem Café in der Vorderreihe und als ich aus dem Fenster blickte, da sah ich sie vorbeigehen."

„Hat Rita sie auch gesehen?", wollte Ina wissen.

„Nein", meinte Rosi, „ich habe aber auch nichts gesagt."

„Wo sollte die denn plötzlich herkommen und ausgerechnet in Travemünde?", überlegte Ina.

„Na, vom Himmel her bestimmt nicht", sagte Rosi.

„Besser ist, wir verlieren darüber zu niemanden ein Wort", schlug Ina vor.

„Ja", hauchte Rosi, „das gibt eine Katastrophe, wenn Rita das erfährt!"

An diesem Tag passierte nicht mehr viel.

Der nächste Tag, der 30. Dezember, war ausgefüllt mit den Vorbereitungen für den Empfang bei Theo. Basti, der natürlich inzwischen ebenfalls in die Pläne der Landfrauen eingeweiht war, beobachtete nachmittags nur kopfschüttelnd, wie Rita und Rosi die Transparente final beschrifteten:

Das Bootsdeck bleibt, nieder mit der Waterkant!!!

Theo, der Priwall verkörpert auch deine Jugend!

Ritas Einfallsreichtum fand kaum Grenzen. Sie malte voller Hingabe die Umrisse der berühmten Passat. Anschließend skizzierte sie den Leuchtturm und das Meeritim. Dass diese Gebäude auf der anderen Seite der Trave standen und nicht in die Perspektive passten, war ihr egal.

„Wir malen noch ein paar Möwen drauf", rief Ute mit wahrer Begeisterung aus.

„Wie malt man denn eine Möwe?", wollte Rita wissen.

„Ich kann das", schlug Rosi vor und die Freundinnen ließen sie gewähren. Sehr fein malte sie zwei Möwen, die eng aneinander geschmiegt auf einem der Poller vor der Passat saßen.

„Kuschelnde Möwen?", wunderte sich Rita.

„Ja", sagte Rosi, „es ist ein Pärchen." Während sie sprach, färbten sich ihre Wangen rot.

Rita tippte sich an die Stirn und antwortete: „So ein Quatsch."

„Möwen gehören nach Travemünde", klärte Ute auf,

„also ich finde das Bild niedlich."

„Ihr wollt also jetzt im Ernst zwei Tage lang mit Theo feiern und ihn dann am 2. Januar mit seinem Projekt in der Öffentlichkeit bloßstellen?", unterbrach Basti die Diskussion der Frauen, die er persönlich für absolut überflüssig hielt.

„Wenn das sein muss", meinte Rita, „dann ja!"

„Wie, wenn das sein muss?", mischte sich nun auch Ina ein.

„Vielleicht besinnt er sich ja noch", fand Ute.

„Klar", meinte Basti ironisch, „da hängen nur ein paar Millionen Euro dran, aber auf die wird er sicher großzügig verzichten, wenn drei Landfrauen aus Wülferode kommen und wollen, dass eine alte Kneipe bleibt."

„Lass doch, Basti", versuchte Ina einzulenken. „Komm wir gehen ein wenig mit Herrn Schmitt am Strand spazieren. Filippa schläft gerade." Nur zu gern folgte Basti dem Vorschlag seiner Frau. Rita blickte ihnen nach, als sie das Haus verließen.

„Warum der uns immer nichts zutraut", meckerte Rita.

„Doch, das tut er", wusste es Ute besser und kicherte. „Sonst würde er sich ja nicht so aufregen."

„Wir kämpfen hier schließlich für die Gerechtigkeit", empörte sich nun auch Rosi. Rita ging in die Küche und kehrte mit einer Flasche Sekt und drei Gläsern zurück. Sie öffnete die Flasche und schenkte ein.

„Auf Inge und ihr Bootsdeck!", rief Rita aus. Dieser Theo wird mich heute Abend kennen lernen." Die Frauen stießen an.

Pünktlich um 19 Uhr fuhr ein Großraumtaxi vor dem Ferienhaus vor. In ihm saßen bereits gut gelaunt Ute mit Kalli, Josef und natürlich Hans-Hugo. Dieser stieg aus und hielt Rosi und Rita formvollendet die Tür zum Einsteigen auf. Alle hatten sich für diesen Abend richtig schick gemacht. Die Männer trugen Anzüge mit Krawatten und die Landfrauen hatten elegante Kleider an. Rita trug dazu einen Hut, den sie sich damals zu Bastis und Inas Hochzeit auf Sylt gekauft hatte. Die zwei fuhren mit Filippa in ihrem eigenen Auto hinter dem Taxi her. Niemand wusste, wie lange die Kleine durchhalten würde und da war es besser, mit dem eigenen Auto zu fahren. Zurück im Ferienhaus blieb Herr Schmitt, der beleidigt bellte, als Rita die Tür abschloss. Der Fahrer steuerte das Taxi auf die Autofähre, doch sie mussten warten, ein großer Frachter verließ gerade den Hafen von Travemünde. „Der hat Vorfahrt", erklärte er seinen Gästen.

Als sie die andere Uferseite erreichten, gab der Taxifahrer Gas und wählte den Weg über den Großparkplatz. Sie passierten die St. Lorenz Kirche und fuhren durch die fast menschenleere Kurgartenstraße. Rita seufzte. Hans-Hugo, der auf dem Beifahrersitz saß, drehte sich zu ihr um: „Ist alles okay, Liebes?", fragte er sie.

„Ja, ja", machte Rita. Sie schwieg und Hans-Hugo

wusste genau, dass sie etwas beschäftigte. Als das Meeritim in Sicht kam, platzte es aus der Landfrau heraus: „Endlich sitzen wir alle mal wieder zusammen im Auto. Das ist so schön."

„Ja", stimmte Rosi sofort zu, „fast wieder so wie auf Sylt, alle zusammen."

„Aber?", „hakte Ute nach, „wir sind doch hier ständig zusammen."

„Nö", war Ritas Antwort.

„Rita und ich sind immer alleine in dem Ferienhaus. Das ist so anders als letztes Jahr, da haben wir alle zusammengewohnt", meinte Rosi leise.

„Richtig, das ist der Punkt", bestätigte Rita.

„Aber wir sehen uns doch jeden Tag", versuchte Ute die Situation zu retten. Sie sah Kalli an, der winkte ab. Josef schwieg beharrlich und sah aus dem Fenster. Hans-Hugo wandte sich wieder um und deutete dem Fahrer an, wo er im Godewindpark halten sollte. Er fand es interessant, dass Rita sich offenbar nach mehr Gesellschaft sehnte. Er dachte, wie schon oft, an Sylt. Dort hatte er ein Ferienhaus, das Haus Erwin gekauft, als die Landfrauen auf Weltreise waren. Im Sommer hatte er die nötigsten Sachen renovieren lassen. Schon letztes Jahr hatte er die Idee einer Alterswohngemeinschaft gehabt. Ob er die Vermietung einstellen und sie alle nach Sylt umziehen sollten? Würde Kalli sein geliebtes Travemünde für immer verlassen? Er war sich nicht sicher. Und dann war da ja auch noch sein Geschäftsführer, Kapitän Körner, den konnte er nicht einfach vor der neuen Saison entlassen, nur weil Landfrau Rita sich einsam fühlte.

Er beschloss ein anderes Mal darüber nachzudenken, heute Abend stand erstmal Theos Fest an. Hans-Hugo klingelte und Theo öffnete die Eingangstür und winkte der kleinen Gruppe zu: „Herzlich Willkommen in der Villa Wellengeflüster." Die Landfrauen kicherten albern, doch Theo, ein Mann von Welt, tat dies als eine Verlegenheitsgeste ab. Sie traten ein und Hans-Hugo übernahm die Vorstellungsrunde. Obwohl Theo schon ein paar Jahre jenseits der 70 war, wirkte er jünger und auf die Frauen absolut attraktiv. Er war hochgewachsen, schlank und sein graues Haar korrekt frisiert. Stolz stellte er den neuen Gästen seinen Sohn Frank vor. Dieser wirkte scheu und sein Gesichtsausdruck erinnerte eher an eine Beerdigungsfeier als an eine anstehende Verlobung. Ein Diener erschien, der ihnen die Mäntel abnahm.

Ina, der nicht verborgen blieb, welch bewundernde Blicke ihre Freundinnen Theo zugeworfen hatten, zischte: „Denkt dran, ihr seid bei eurem Feind zu Gast!"

Basti flüsterte leise: „Theo, der Priwall verkörpert auch deine Jugend."

Rita zeigte dem Paar einen Vogel und meinte: „Glaubt ihr, wir sind blöd, alles Taktik!" An ihre Freundinnen gewandt meinte sie: „Dieser Frank hat uns angesehen, als ob wir der letzte Abschaum wären." Ute und Rita nickten.

„Ob der auch bei der Waterkant was zu sagen hat?", überlegte Rosi leise.

„Wir werden es herausfinden", meinte Ute und straffte optimistisch ihre Schultern. Theo tat, als ob er nichts gehört hatte. Vielleicht hatte er das tatsächlich auch nicht, und führte die Freunde in die große Eingangshalle. Der Boden war mit schwarzem Marmor gekachelt und rechts und links führten zwei Freitreppen in die oberen Stockwerke. Zwischen den Treppen saß ein Kammerorchester und spielte klassische Musik. Die Landfrauen suchten sich einen der leeren Stehtische aus. Schon eilte ein Kellner heran und servierte perfekt gekühlten Champagner. Hans-Hugo wechselte noch ein paar Worte mit Theo und dann kam er mit Josef und Kalli ebenfalls an den Tisch. Ina und Basti gesellten sich mit Filippa, die mal wieder schlafend in ihrem kleinen Körbchen lag, ebenfalls dazu.

Kalli blickte sich argwöhnisch um und meinte: „Bannig vörnehm hier."

„Exklusiv, ja, aber wir sind ja nicht bei Hofe", fand Rita und ärgerte sich wieder über Kallis Dialekt.

„Hä?", fragte Kalli nach.

„Die Feudalherrschaft ist schon lange abgeschafft", war Ritas Antwort. Sie nippte schon am zweiten Glas Champagner und Hans-Hugo nahm sich vor, aufzupassen.

„Ja, aber im Passathafen mit dem neuen Bauprojekt noch nicht", wusste Rosi, „da ist das, als ob die Monarchie noch existieren würde." Rosi wurde abgelenkt, denn ein Kellner kam am Tisch vorbei und servierte Leckereien in kleinen Gläschen. Sie war wie immer, wenn es etwas zu essen gab, verzückt. Sie wusste gar nicht, welches Glas sie auswählen sollte. Scharfe Garnelen auf Avocadocreme? Gazpacho mit Weißbrot?

Oder doch besser Wildlachstartar? Rita meinte zu dem Kellner: „Lassen Sie mal von jeder Sorte mehrere Gläser da." Dieser gehorchte brav und stellte eine Auswahl der Speisen auf den Tisch.

Theo trat zu Hans-Hugo und wollte wissen: „Amüsiert ihr euch?"

„Blendend", übernahm Rita die Antwort und kaute derweil unfein.

Theo strahlte und verriet: „Gleich ist es soweit, ich stelle euch und meinen engsten Freunden und Geschäftspartnern meine zukünftige Frau vor."

Rita, die inzwischen ihren Mund geleert hatte, sagte: „Und danach reden wir mal."

„Aber sehr gern", war Theos Antwort und an Hans-Hugo gewandt sagte er: „Warum nur hast du mir diese reizenden Damen bisher vorenthalten?" Dabei zwinkerte er ihm zu. Ina lachte leise und auch Basti war anzusehen, dass er sich kaum beherrschen konnte. Theo trat zur Kapelle und auf sein Zeichen hin, verstummte diese.

„Doch Feudalherrschaft", fand Kalli und Ute boxte ihm tadelnd in die Seite. Theo nahm ein Mikrofon in die Hand und stellte sich auf die erste Stufe der linken Treppe. Er räusperte sich kurz, und die gut einhundert anwesenden Gäste verstummten und blickten sich zu ihm um.

„Liebe Freunde, liebe Nachbarn, liebe Geschäftspartner", sprach Theo und seine Stimme zitterte ein wenig.

„Der ist ja nervös", flüsterte Rita Hans-Hugo ins Ohr, doch dieser reagierte nicht.

„Zehn Jahre war ich alleine, nachdem meine überaus geliebte Emmi mich viel zu früh verlassen hat. Das hat nun ein Ende. Auf meiner Kreuzfahrt im November in der Karibik bin ich einer Frau begegnet, die es geschafft hat, mein Herz erneut zu berühren. Nun, was soll ich sagen? Obwohl wir nichts voneinander wussten, haben wir uns auf Anhieb ineinander verliebt. Es begann schon im Transferbus vom Flughafen zum Schiff, als wir zufällig nebeneinandersaßen. Vermutlich war es kein Zufall, sondern Schicksal! Am Ende der Reise war mir nicht nur klar, dass sie es ist, sondern auch, dass ich diese Verbindung offiziell besiegeln möchte. Das wird Morgen im Rahmen der Silvesterfeier auf der Passat stattfinden, zu der ihr alle herzlich eingeladen seid. Mein Sohn Frank wird nun meine Auserwählte diese Treppe zu mir hinunterführen und wir werden mit euch allen gemeinsam auf unsere Verlobung anstoßen." Wie aufs Stichwort erschien Frank auf der Empore. Bei ihm hatte sich eine Frau eingehakt. Sie trug ein schwarzes bodenlanges Abendkleid und hatte kurze graue Haare, die modern frisiert waren. Frank gab ihr die linke Hand und führte sie die Treppe hinunter. Sie schritt majestätisch, aber lächelnd an seiner Hand. Die Kapelle spielte „Vom Himmel hoch, da komm ich her". Rita, Ute und Rosi sahen sich erschrocken an.

Ute fand als Erste die Sprache wieder und schrie durch die ganze Eingangshalle: „Oh, Gott, das ist ja Doris!" Landfrau Rita sackte zusammen und fiel in Ohnmacht. Hans-Hugo konnte gerade noch verhindern, dass sie mit dem Kopf auf den harten Steinboden prallte, indem er sie auffing.

Möwengeflüster

Kraki und Mecki hatten sich heute für ihren zweiten Lieblingsübernachtungsplatz entschieden. Es war ein gemütlicher Poller, der direkt vor der Viermastbark Passat stand. Es war schon fast Mitternacht und Kraki war wie immer müde, während Mecki unablässig vor sich hin schnatterte. Er ertrug es tapfer. Von der Passat drang kein Lichtschein zu ihnen hinüber, offenbar gab es dort heute keine Party. „Diese alten Frauen wohnen jetzt in einem der Ferienhäuser hier auf dem Priwall", sagte Mecki gerade.

„Ja", war Krakis knappe Antwort.

„Weißt du noch? Als diese Siedlung damals gebaut wurde, gab es auch einen riesen Aufriss hier in Travemünde. Heute spricht kaum noch jemand über den Ferienpark."

„Die Menschen sind Gewohnheitstiere", meinte Kraki. Mecki lachte schallend ihr berühmtes naknaknak.

„Pst", machte Kraki, „du weckst uns noch den ganzen

Hafen auf."

„Ich lache so, weil du meinst, dass Menschen etwas Tierisches haben, das finde ich gar nicht", erklärte Mecki deutlich leiser.

„Da sind mehr Gemeinsamkeiten als du glaubst", sagte ihr Möwenmann. Mecki dachte eine Weile darüber nach? Ob Kraki, wie so oft, recht hatte? Sie war sich nicht sicher.

„Glaubst du denn, dass sich in zwei Jahren in Travemünde niemand mehr über die Waterkant aufregt?", wollte sie wissen.

„Ja, das glaube ich", war seine Antwort, „denn dann gibt es längst ein neues Projekt, was Aufruhr verursacht. Und nun lass uns schlafen. Morgen ist schließlich Silvester, das wird ein langer Abend."

„Okay", stimmte Mecki zu und kuschelte sich dicht in Krakis Gefieder ein.

Es kommt ein Schiff geladen ...

Als Rita wieder zu sich kam, sah sie direkt in das Gesicht eines jungen Mannes. „Sie wacht auf", hörte sie ihn sagen. Langsam setzte sie sich auf. Sie sah, dass sie auf dem edlen Marmorfußboden der Villa Wellengeflüster auf Decken und Kissen gebettet lag. Um sie herum standen ihre Freunde mit sorgenvollen Blicken.

„Ein Glas Wasser", rief Hans-Hugo aus und sofort eilte ein Kellner herbei. Hans-Hugo setzte sich zu Rita auf die Decke, strich ihr liebevoll über die Wange und meinte: „Du hast uns einen ganz schönen Schrecken eingejagt." Zärtlich küsste er sie auf die Wange. Der Kellner reichte ihr das bestellte Wasserglas. Rita verzog das Gesicht, doch als sie in die Augen von Hans-Hugo blickte, trank sie es in einem Zug aus.

„Ist noch Sekt da?", wollte sie danach wissen. Erleichtert lachten ihre Freunde und einige Gäste, die in der Nähe standen, auf. Der junge Mann kniete sich nun ebenfalls zu ihr nieder, und Rita begriff, dass es sich um einen Notarzt handeln musste, denn er trug eine orange Jacke.

„Ich messe jetzt Ihren Blutdruck", erklärte er und befestigte eine Manschette an ihrem linken Arm.

„Wer sind Sie eigentlich?", brüllte die Landfrau daraufhin los, obwohl ihr natürlich klar war, dass es sich hier um einen Notarzt handeln musste. Vermutlich hatte man einen Rettungswagen gerufen.

„Tu bitte, was er sagt, Rita, dieser Mann ist ein Arzt", war Hans-Hugos Antwort.

„Was will der hier?" hakte Rita nach.

„Ich bin Doktor Frank", sagte der Mann und begann mit der Messung.

„Ach?", lachte Rita plötzlich, „der Arzt, dem die Frauen vertrauen? Na, dann mal los." Sie freute sich, denn diese Serie hatte sie früher gern im Fernsehen geschaut und wenn sie die Augen ein wenig zusammenkniff, dann hatte dieser junge Mann sogar Ähnlichkeit mit dem Schauspieler Sigmar Solbach, für den die Landfrau schwärmte.

„Der Blutdruck ist in Ordnung", sagte Dr. Frank, „aber ich würde Sie trotzdem lieber zur Sicherheit für eine Nacht mit ins Krankenhaus nehmen."

„Das könnte Ihnen so passen", war Ritas Kommentar. Sie rappelte sich langsam hoch. Hans-Hugo half ihr dabei und nun kamen auch Ute und Rosi zu Hilfe.

Als Rita wieder senkrecht stand, meinte Rosi: „Rita, Schätzchen, du bist in Ohnmacht gefallen und der Arzt meint es nur gut." Aus der Menge der herumstehenden

Leute löste sich Theo, dicht gefolgt von seinem Sohn.

„Meine Liebe, ich bin froh, Sie wieder munter zu sehen. Wir haben uns große Sorgen gemacht." Rita blickte erst ihn an, dann sah sie sich suchend um. Doris lehnte mit einem Glas Champagner in der Hand am Fuße der Treppe. Minutenlang sahen sich die Frauen quer durch den Raum an. Doris lächelte zaghaft.

Rita legte Theo die rechte Hand auf den Arm und antwortete: „Sorgen, Theo, mache ich mir eher um dich. Denn diese Person da", dabei zeigte sie Richtung Doris, „ist eine Heiratsschwindlerin, die nur dein Geld will." Das Wort Heiratsschwindlerin schrie sie und dafür, dass sie gerade noch am Boden gelegen hatte, rauschte sie in beachtlichem Tempo in Richtung Ausgang. Eilig folgten ihr die anderen zwei Landfrauen, Josef und Kalli. Hans-Hugo entschuldigte sich formvollendet bei seinem Freund Theo, doch dieser winkte ab. Doris gesellte sich lächelnd dazu und hakte sich bei ihrem zukünftigen Mann unter. Sie war bei Ritas Ausbruch ein wenig blass geworden.

„In unserem Alter haben wir doch alle ein Vorleben", versuchte Theo seine zukünftige Frau zu beruhigen.

„Ich konnte doch nicht ahnen, dass ausgerechnet drei ehemalige Freundinnen von mir aus Wülferode heute zur Verlobung kommen", entschuldigte sich Doris. Auf Hans-Hugo machte sie einen sehr vernünftigen und netten Eindruck.

„Bis Morgen hat Rita sich sicher beruhigt", hoffte Hans-Hugo und trat von einem Bein auf das andere. Er verabschiedete sich und das Kammerorchester begann wieder zu spielen.

„Das kannst du vergessen", raunte Ina Basti zu. Fragend sah er sie an. „Doris, also genau diese Doris hat sich damals an Ritas Mann herangeschmissen, und das als beste Freundin. Er hat sie ihretwegen verlassen, sich sogar scheiden lassen, da er und Doris heiraten wollten."

„Ach herrjeh", war Bastis Kommentar.

„Und hat er Doris geheiratet?", wollte Hans-Hugo wissen.

„Nein", meinte Ina, „sie waren, glaube ich, zwei Jahre zusammen, dann war die Sache aus. In ganz Wülferode erzählt man sich, dass sie ihn schlussendlich nicht genommen hat, weil er ihr nicht reich genug war."

„Wie lange ist das her?", fragte Hans-Hugo. Ina rechnete nach.

„Das alles ist kurz nach unserer Flusskreuzfahrt auf der Donau passiert. Also ungefähr vor drei Jahren."

„Na, bravo", kommentierte Basti, dem nun deutlich klar wurde, dass auch dieser Jahresausklang in keiner Weise ruhig verlaufen würde.

Die Freunde fuhren ins Ferienhaus der Landfrauen auf dem Priwall. Keiner sprach im Auto ein Wort. Der Taxifahrer wunderte sich über seine ruhigen Fahrgäste, die er auf der Hinfahrt viel lebhafter in Erinnerung hatte. Als sie mit der Fähre fast das gegenüberliegende Ufer des Priwalls erreicht hatten, bog aus dem Hafen ein großer Containerfrachter in die Fahrrinne ein.

„Es kommt ein Schiff geladen", begann Josef das

bekannte Kirchenlied zu summen Rosi stimmte mit ein. Sie hatte das ungewohnte Schweigen seit der Abfahrt von der Villa Wellengeflüster sehr belastet.

„Wenn hier heute einer geladen ist, dann bin ich es", gab Rita aus der letzten Reihe des Großraumtaxis bekannt.

„Wir spülen deinen Kummer jetzt mit Sekt runter und dann geht es dir morgen schon besser", meinte Ute.

„Ich habe keinen Kummer", knurrte Rita. Der neben ihr sitzende Hans-Hugo nahm sie liebevoll in den Arm. Nur zu gern kuschelte sie sich bei ihm an.

Später im Haus erfuhren die Männer alles über Doris und Ritas Mann. Doris war von Jugend an tatsächlich Ritas beste Freundin gewesen. Über ein Jahr hatte sich die Affäre schon hingezogen, bis Rita es gemerkt hatte. Herausgekommen war die ganze Sache nur durch einen Zufall. Doris und Richard, Ritas Ex-Mann, waren gemeinsam für ein Wochenende nach Goslar in den Harz gefahren. Richard hatte diese Tour als Geschäftsreise getarnt und war angeblich in München. Doris hatte Rita erzählt, sie sei über das Wochenende bei ihrer kranken Mutter in Hannover. Der Plan wäre aufgegangen, wenn nicht Ina an diesem Wochenende in Goslar in genau demselben Hotel, das Richard und Doris für sich gebucht hatten, zu einer Reisebürotagung eingeladen gewesen wäre. Am Abend beim Büffet trafen sie schließlich aufeinander. „Es war schrecklich", erinnerte sich Ina, „Doris war genauso eine gute Freundin für mich wie die anderen drei hier." Basti streichelte liebevoll ihre Hand und gähnte ein wenig. Es war bereits kurz vor Mitternacht.

„Na ja, lange her", wischte Rita die Worte der Freundin beiseite.

„Was machen wir denn nun morgen?", wollte Ute wissen. Alle blickten Rita an.

Diese schenkte sich nochmals ein Glas nach und sagte dann: „Na, wir gehen natürlich auf die Passat. Diesem Theo scheint ja in puncto Hochzeit nicht mehr zu helfen zu sein, aber wir müssen doch das Bootsdeck retten. Inge verlässt sich voll und ganz auf uns." Hans-Hugo atmete auf, Rita schien wieder hergestellt zu sein.

„Wirst du mit Doris reden?", piepste Rosi.

„Ich werde die Form wahren, okay?", war Ritas Antwort. Auch das beruhigte Hans-Hugo, denn er war in Travemünde bekannt und der spektakuläre Auftritt von Rita heute in der Villa würde sicher eine Zeit lang die Klatschtanten von Travemünde beschäftigen. Bei der Anzahl der vielen geladenen Gäste war es unwahrscheinlich, dass der Vorfall nicht an die Öffentlichkeit drang.

„Darauf lasst uns noch einen Schnaps trinken", fand Kalli, der froh war, dass das Gesprächsthema offensichtlich beendet war. Er war ein Harmoniemensch durch und durch. Rosi stand auf und verteilte Gläser. Im Kühlschrank fand sie noch eine ungeöffnete Flasche Grappa. Die Freunde stießen an.

„Morgen Vormittag habe ich eine kleine Überraschung für euch", verkündete Hans-Hugo. Alle blickten ihn an. „Wir machen eine Ostseerundfahrt mit der MS

Travemünde. Quasi eine kleine Kreuzfahrt. Ihr müsst Travemünde unbedingt mal von der Wasserseite aus sehen."

Rita sprang auf und fiel Hans-Hugo um den Hals. „Du bist ein Mann nach meinem Geschmack", schrie sie, wobei ihr Gang nicht mehr ganz sicher war.

„Das hoffe ich sehr", meinte dieser und zwinkerte ihr zu. Josef lächelte glücklich vor sich hin. Vielleicht hat Rita diese Konfrontation mit ihrer Vergangenheit gebraucht, dachte er. Natürlich war die Sache mal wieder aus dem Ruder gelaufen, doch vielleicht nützte sie der Zukunft. Quer durch den Raum suchte er Rosis Blick.

Das Wetter zeigte sich am Silvestermorgen von seiner schönsten Seite. Die Sonne schien von einem perfekten blauen Himmel herab. Kurz vor 11 Uhr bestiegen die Freunde die MS Travemünde, die an der Überseebrücke II genau gegenüber der Passat lag. Sie hatten Glück, obwohl viele andere Touristen auch an Bord waren, konnten sie noch einen großen Tisch für sich im Salon ergattern. Punkt 11 Uhr legte das Schiff ab, wendete und passierte nur kurze Zeit später die Nordermole. An deren Ende standen Menschen und winkten dem Schiff zu. Ein grün-weißes Leuchtfeuer, das eher an einen Strumpf erinnerte, zierte das Ende der Mole. Rita hob ihren Arm zum Gruß, winkte den Menschen zurück und seufzte. Hans-Hugo sah sie fragend an. „Endlich wieder auf See", war ihre Antwort und er lachte. Die Freunde hatten eine hervorragende Sicht auf Travemünde und die komplette Lübecker Bucht. Links konnten sie klar und deutlich das elegante Villenviertel des Seebades erkennen, rechts den langen Sandstrand des Priwalls. „Da ist die Süffige Seebrücke", wusste Rita und deutete nach links, „da waren wir neulich." Hans-Hugo nickte.

„Und da ist wieder diese schöne alte Villa mit dem kleinen Glastürmchen", freute sich Rosi, „es muss traumhaft sein, dort zu wohnen."

„Nicht bei mir, in meinem kleinen Häuschen?", wollte Josef wissen und Rosis Wangen färbten sich vor Freude ganz rot.

„Hier güng dat dormols mit de ‚Gerlinde' los un up Tenneriffa heff ik di denn funnen", raunte Kalli Ute ins Ohr. Ute strahlte und gab Kalli einen Kuss auf die Wange, sie hatte mit seinem Platt nie ein Problem. Backbord passierten sie nun das Brodtener Steilufer, eine zerklüftete Küste, die vier Kilometer lang war.

„Die Entstehungsgeschichte dieser Küste geht bis in die Eiszeit zurück", erklärte Hans-Hugo fachmännisch. Rita drückte sich förmlich die Nase an der Scheibe platt. Der Kellner erschien am Tisch und servierte eine Flasche Champagner im Eiskübel. Die Landfrauen applaudierten begeistert.

„Sei uns nicht böse, aber können Basti und ich nur einen Becher Kaffee haben?", fragte Ina Hans-Hugo. Dieser bejahte.

„Der Tag ist noch lang", ergänzte Basti und schaute nach Filippa, die aber in ihrer Tragetasche tief und fest schlief. Dadurch verpasste sie leider ihre erste Seereise.

Hans-Hugo deutete aus dem Fenster: „Das da hinten

ist Niendorf, dann, dort wo die zwei hohen Häuser stehen, die auch zu der Kette Meeritim gehören, das ist Timmendorfer Strand."

„Und das ganz hinten?", wollte Rosi wissen, „wo dieser hohe Turm steht?"

„Das ist Pelzerhaken", erklärte Josef.

„Wisst ihr, wie der Leuchtturmwärter von Pelzerhaken mit Vornamen heißt?", johlte Kalli plötzlich los.

„Nö", kam es einstimmig aus dem Mund der drei Landfrauen.

„Prost heißt der", sagte Kalli und hieb sich vor Lachen auf die Schenkel. Das war einer seiner Lieblingswitze. Alle griffen zu ihren Gläsern und Basti und Ina zu ihren Kaffeebechern.

„Auf einen schönen Jahresausklang", meinte Hans-Hugo. Die Freunde stießen an.

Inzwischen wendete die MS Travemünde und gab für die Gäste des Ausflugbootes freien Blick auf die unverwechselbare Silhouette des Travemünder Hafens. „Das wollte ich euch zeigen", sagte Hans-Hugo, „die Einfahrt vom Meer aus nach Travemünde hinein ist eine echte Sensation." Rechts erhob sich das Meeritim, links der lange Sandstrand, an den sich die Passat zu kuscheln schien. Zwar waren im Passathafen die Baustellen deutlich zu sehen, die zur neuen Waterkant gehörten, doch noch ließ sich das ursprüngliche Flair sehr gut erkennen.

„Wahnsinn", fand Rita.

„Es ist aber nicht Rio oder so", zwinkerte ihr Hans-Hugo zu. Die Landfrau boxte ihm spielerisch in die

Seite.

„Es muss toll sein, so einen schönen Heimathafen zu haben", sagte Rosi.

„Oh ja, das ist es", war die Antwort von Hans-Hugo und Stolz lag in seiner Stimme.

Als sie an der Passat vorbeifuhren, schwiegen alle. Jeder dachte an den bevorstehenden Abend und Rita brachte es schließlich auf den Punkt: „Auf diesem schönen Schiff rennt der nette Theo heute in sein Unglück." Die Freunde hatten den ganzen Tag nicht mehr über den gestrigen Abend gesprochen, und dass nun ausgerechnet Rita wieder damit anfing, erstaunte alle.

„Meinst du wirklich, dass Doris es nur auf Theos Geld abgesehen hat?", wollte Hans-Hugo wissen.

„Natürlich", kam es im Chor von allen drei Landfrauen samt Ina. In diesem Moment begann Filippa zu schreien, sie war aufgewacht und hatte Hunger.

„Selbst das Kind weiß das", nickte Rita, „aber sie ist ja auch eine Frau, wir fühlen eben Sachen dieser Art."

Nach der kleinen Ausfahrt trennten sich die Wege der Freunde zunächst. Ina und Basti fuhren zurück ins Ferienhaus, um Filippa zu versorgen. Kalli wollte sich noch ein wenig ausruhen, damit er am Abend fit war. Josef war ebenfalls müde und gähnte. Die Landfrauen hatten Inge versprochen, am Nachmittag auf jeden Fall noch einmal bei ihr vorbeizuschauen. So zerstreute sich die Runde am Kai und Hans-Hugo überlegte, was er tun sollte. Normalerweise hatte er immer am

Silvesternachmittag Gerlindes Grab besucht, doch heute entschied er sich anders. Er machte sich auf in Richtung Villa Wellengeflüster. Dort angekommen, sah er, dass die Garage offen und leer stand. Theo schien nicht da zu sein. Er klingelte trotzdem. Nach kurzer Zeit öffnete ihm Doris. Sie war nur mit einem Jogginganzug bekleidet und ihre Haare waren auf große Lockenwickler aufgedreht. Im Gesicht hatte sie eine grüne Creme. Hans-Hugo entschuldigte seinen unangemeldeten Besuch, doch sie bat ihn hinein. Sie öffnete die Tür zur Bibliothek und bedeutete ihm, sich ein Glas Cognac einzuschenken und es sich gemütlich zu machen. Hans-Hugo folgte ihren Anweisungen. Keine fünf Minuten später, kehrte sie zu ihm zurück. Immer noch im Joggingdress, doch die grüne Gesichtsmaske hatte sie entfernt und auch die Haare ausgekämmt. „Ich wollte bei den Hochzeitsvorbereitungen nicht stören", meinte Hans-Hugo. Doris schenkte sich ebenfalls ein Glas ein und nahm ihm gegenüber Platz.

„Du störst nicht, Hans. Theo ist nochmal ins Büro gefahren. Der Investor hat heute Morgen aus dem Urlaub angerufen, es gab da irgendein Problem." Hans nickte. Er wusste nicht, was er sagen sollte. „Sicher kennst du seit gestern Abend all die alten und schrecklichen Geschichten über mich, oder?", setzte Doris das Gespräch fort. Hans-Hugo rutschte unruhig auf seinem Stuhl hin und her.

„Ich, ähm", sagte er.

„Natürlich kennst du sie", ergriff Doris wieder das Wort. „Glaube mir, so einfach war das damals nicht.

Richard war seit Jahren unglücklich mit Rita. Die Ehe war kinderlos geblieben und darunter litt er. Es war ja nicht so, dass Rita keine Kinder bekommen konnte. Aber Rita hatte Angst vor einem dicken Bauch und der Geburt. Gemeinsame Interessen gab es kaum noch welche, er lebte einfach so neben ihr her. Das hält auf die Dauer kein Mann aus, oder?"

„Hm", war Hans-Hugos Antwort.

„Ich habe das jahrelang mitangesehen, Richard fing mir irgendwann an leidzutun. Alleine wie Rita ihn immer anschnauzte vor versammelter Mannschaft. Und ja", sie fuhr sich kurz durch die gerade gekämmten Haare, „auf einer Sommerparty bei mir, als alle schon längst im Bett waren und nur wir zwei noch auf der Veranda saßen, da hat es geknallt. Toll habe ich mich danach nicht gefühlt, und auch nicht in dem Jahr, wo Rita noch nichts wusste. Doch ich hatte mich verliebt. Ich wusste keinen Ausweg. Richard und ich waren glücklich zusammen." Hans-Hugo nahm einen Schluck von seinem Cognac.

„Warum hast du ihn nach seiner Scheidung von Rita nicht geheiratet? Ganz Wülferode hat sich wohl darüber den Mund zerredet." Doris lachte und Hans-Hugo erkannte, dass es ein ehrliches Lachen war. Diese Frau war nicht falsch. Sie hatte vielleicht Dinge in der Vergangenheit getan, die man nicht tun sollte, doch Hans-Hugo verfügte über genug Menschenkenntnis, um das abschätzen zu können.

„Er wollte mich nicht heiraten", gab sie zu.

„Was?" Hans-Hugo war wirklich überrascht. Doris

nickte.

„Wir waren beide, nachdem die Sache rauskam, nach Hannover in zwei getrennte Wohnungen gezogen. Das erschien mir für den Anfang auch passend. Nach der Scheidung wartete ich, doch ein Antrag blieb aus. Montags hatte er immer seinen Skatabend, sodass wir uns an diesem Tag nie trafen. Irgendeinen Montag war ich durch Zufall in der Nähe seiner Wohnung und sah Licht. Ich dachte, er wäre vielleicht früher nach Hause gekommen und klingelte. Er war nicht allein, sein Besuch trug nur ein T-Shirt und war mindestens zwanzig Jahre jünger."

„Das tut mir leid", stammelte Hans-Hugo.

„Muss es nicht", meinte Doris, und schenkte nochmals nach, „ich betrachte es als meine gerechte Strafe. Man mischt sich nicht in eine Ehe ein, schon gar nicht in die der besten Freundin. In Wülferode habe ich mich verständlicherweise nie wieder blicken lassen. Die Mädels kennen die Wahrheit nicht. Das möchte ich Rita wirklich ersparen, sie würde sich ganz sicher auch noch heute darüber aufregen."

„Das würde sie", meinte Hans-Hugo.

„Ich konnte ja nicht ahnen, dass sich unsere Wege nochmals im Leben kreuzen würden, Travemünde ist weit weg von Wülferode", gab Doris zu.

„Und das an deinem Verlobungstag", pflichtete Hans-Hugo ihr bei.

„Ja", hauchte sie und eine Träne lief ihre Wange hinunter. Hans-Hugo reichte ihr sein Taschentuch. In diesem Moment öffnete sich die Tür der Bibliothek und

Theos Sohn Frank steckte den Kopf herein.

„Ach, du hast Besuch?", fragte er und blickte missbilligend auf ihre legere Kleidung. Dann erkannte er Hans-Hugo. „Sie sind es", stellte er fest.

„Ja, ich bin das", meinte Hans-Hugo.

„Hoffentlich kann sich Ihre neue Freundin heute Abend besser benehmen."

„Frank", rief Doris aus. Doch dieser schloss geräuschvoll die Tür. „Entschuldigung", meinte Doris, doch Hans winkte ab. „Komisch, dass ausgerechnet er sich Sorgen wegen heute Abend macht. Er mag mich nämlich nicht", gestand Doris, „das fühle ich immer wieder."

„Theo liebt dich, das ist wichtig", meinte Hans-Hugo.

„Ja, und ich liebe ihn. Ich habe so lange nach einem passenden Mann für mich gesucht und ausgerechnet in einem Urlaub auf einer Kreuzfahrt finde ich ihn", lächelte sie glücklich.

„Es gibt Sachen", sagte Hans.

„Ja", meinte Doris und eine Weile schwiegen sie gemeinsam. Hans-Hugo konnte sich nicht wehren, er mochte diese Frau und es überraschte ihn nicht, dass sie einst die beste Freundin von Rita gewesen war. „Weißt du was lustig, ist, Hans?", fragte Doris nach einer Weile. Er schüttelte mit dem Kopf. „Das Kreuzfahrtschiff, auf dem ich Theo kennenlernte, hatte ein legeres Konzept. T-Shirt und Shorts reichten fast rund um die Uhr. Theo hat mich immer wieder glauben lassen, dass er ein armer alter Fischer aus Travemünde sei. Ich habe ihm geglaubt und es war mir egal, denn ich hatte mich verliebt. Kannst du dir vorstellen, wie ich geschaut habe, als ich vor dieser Villa hier stand?" Sie lachte leise. In Hans-Hugo gingen alle Alarmglocken an. Was würde heute Abend passieren? Er musste auf jeden Fall Rita im Blick behalten.

„Ja, das ist amüsant", gab er zur Antwort und erhob sich. Doris stand ebenfalls auf. „Wir sehen uns nachher, ja?", fragte sie.

„Natürlich", meinte er zurück.

An der Haustür gab sie ihm ein Küsschen auf die Wange und meinte: „Darf ich auch wie die anderen Mädels Hans-Hugo zu dir sagen?"

Er grinste: „Sicher, daran habe ich mich im Laufe der Jahre gewöhnt."

„Schön", fand sie, „und mach mir Rita glücklich, du bist der Richtige für sie, da bin ich mir ganz sicher."

Nun lachte Hans-Hugo und meinte: „Es ist Silvester, well, I´ll do my very best."

Doris kicherte und sagte: „Ich meine nicht nur an Silvester, James."

Als Hans-Hugo später durch das bereits dunkle Travemünde zurück zum Holunderhof spazierte, dachte er darüber nach, ob er sich mit diesem Besuch wirklich einen Gefallen getan hatte. Als er auf gleicher Höhe mit der Passat war, stoppte er für einen Moment und blickte auf das gegenüberliegende Ufer. Das Schiff war wunderschön mit vielen Lichtern angestrahlt und ihr Deck zierte bereits eine Flaggengirlande, wie immer, wenn ein Fest an Bord stattfand. Das Lied „Es kommt ein Schiff geladen" kam ihm wieder in den Sinn, was

Josef auf der Fähre gesummt hatte. Garantiert würde heute Abend bei den Landfrauen die Stimmung geladen sein, nicht nur wegen Doris, sondern auch wegen ihrer Mission im Zusammenhang mit der Waterkant. Was passieren würde, wenn Doris ihn vor allen Hans-Hugo nannte, wollte er sich im Moment lieber nicht vorstellen.

„Oh Gott, war das ein Abend", stöhnte Basti und ließ sich erschöpft auf das breite Doppelbett im Zimmer des Ferienhauses fallen. Es war schon nach 1 Uhr morgens am Neujahrstag. Ina, die gerade Filippa in das Zustellbett legte, nickte. „Ich hätte nie gedacht, dass die Mädels es schaffen würden, ihren damaligen Auftritt im Haus Erwin in Westerland nochmals zu toppen", redete Basti weiter.

„Es war noch mehr Polizei da als auf Sylt und sogar ein Rettungswagen", überlegte Ina.

„Und nun durchkämmen sie mit Spürhunden den kompletten Priwall, das ist doch Wahnsinn", fand Basti.

„Wo Theo wohl ist?", fragte Ina laut, „Rita behauptete mir gegenüber jedenfalls steif und fest, dass sie zwar nach dem Abendessen mit Theo zum Bootsdeck gegangen sei, aber angeblich bat er sie, sich schon einmal alleine zurück zur Passat zu begeben, denn er wollte kurz vor Beginn der Trauungszeremonie, etwas erledigen."

Basti tippte sich an die Stirn: „Wer heiratet am Silvesterabend um 22 Uhr? Dass ein Standesamt so etwas mitmacht."

Ina zuckte mit den Schultern und meinte: „Beziehungen eben. Du weißt doch, wie einflussreich

Theo hier in Travemünde ist. Also, ich glaube nicht, dass Rita was mit Theos Verschwinden zu tun hat." Basti gähnte und rückte ein Stück näher an seine Frau heran. Sanft streichelte er ihre Schulter.

„Ich auch nicht, aber die Polizei hat Rita festgenommen und den Rest der Landfrauen ebenso. Ist ja klar, Rita war die Letzte, die ihn lebend gesehen hatte. Und die Hochzeit ist auch ins Wasser gefallen."

„Basti", meinte Ina vorwurfsvoll. Dieser verschloss mit einem langen Kuss ihren Mund. Seine Müdigkeit schien wie verflogen und er beschloss das neue Jahr nun richtig beginnen zu lassen.

Im Kapitänssalon der Viermastbark Passat saßen dicht aneinander gedrängt auf einer Bank Rita, Ute und Rosi. Ihnen gegenüber am Tisch saß Kriminaloberkommissar Jens Fischer, der nach Theos Verschwinden zur Verstärkung gerufen worden war. Niemand hatte einen Blick für den mit historischen Möbeln eingerichteten Raum. Der Kommissar war wenig begeistert, denn er hatte eine private Silvesterfeier verlassen müssen, doch Dienst war eben Dienst. Neben ihm saßen zwei weitere Polizeibeamte und ein dritter bewachte die Eingangstür des Salons. „So", sagte der Kommissar an Rita gewandt, „und nun erzählen Sie doch bitte genau der Reihe nach, was heute Abend passiert ist."

Rita lehnte sich zurück und sagte: „Das habe ich heute Abend Ihrem Kollegen alles schon drei Mal erzählt." Die Landfrau stampfte zur Bestätigung ihrer Worte mit dem rechten Fuß auf. Der Oberkommissar merkte deutlich, dass sie sich ungerecht behandelt fühlte. Sie und ihre Freundinnen waren vorläufig festgenommen worden. So eine Frechheit! Jens Fischer schwieg beharrlich und so begann Rita ihre Geschichte zum vierten Mal an diesem Abend zu wiederholen. Nach dem Abendessen an Bord der Passat hatte sie Theo zu einem Spaziergang überredet. Sie hatte ihn zur Kneipe Bootsdeck gelockt und ihm dort Inge vorgestellt. Theo, der zuvor in diesem Lokal noch nie gewesen war, wunderte sich über die dortige Gemütlichkeit. Rita hatte ihn dann mit dem bevorstehenden Abriss konfrontiert, Inge war in Tränen ausgebrochen und Theo ehrlich bestürzt gewesen. Ihm, als Berater des Investors, waren diese Abrisspläne der alt eingesessenen Kneipe nie vorgelegt worden. Er hatte versprochen, sich darum zu kümmern und mit einem Blick auf die Uhr, es war schon 21 Uhr 30, Rita gebeten, schon mal vorzugehen, denn er müsste für die standesamtliche Trauung um 22 Uhr noch eine Kleinigkeit vorbereiten.

„Danach sind Sie alleine zum Schiff zurückgegangen?", fragte der Kommissar.

„Ja, ja", war ihre Antwort.

„Der Wächter an der Gangway hat das doch bezeugt", versuchte Ute zu helfen.

„Dass Ihre Freundin alleine auf die Passat zurückkehrte, ja, nicht aber, dass sie alleine das Bootsdeck verließ", sagte er. Rita rollte mit den Augen. „Wo waren Sie beide während des Ausflugs Ihrer Freundin?", wandte er sich Ute und Rosi zu.

„An Bord", sagte Ute.

„Ja, wir waren hier, wir wollten doch nicht auffallen", piepste Rosi.

„Wieso auffallen?", fragte der Mann nach.

„Wenn wir alle drei mit Theo verschwunden wären, hätte das doch bestimmt seine Braut gemerkt", erklärte Ute, der die Sache langsam ebenfalls zu dumm wurde.

„Wieso sollte die Braut nicht wissen, dass Sie Theo unbedingt das Bootsdeck zeigen wollten?", ging das Verhör des Polizisten weiter.

„Das hat private Gründe", konterte Rita und hieb mit der Faust auf den Tisch.

„Wir sind hier ganz privat", meinte der Polizist unbeeindruckt. Er lehnte sich zurück und sah nacheinander die Frauen an. Sie schwiegen. Er selbst glaubte zwar nicht, dass diese Rita einen Mord begangen hatte, doch Theo, eine echte Travemünder Berühmtheit, war verschwunden und das dreißig Minuten vor seiner eigenen Hochzeitsfeier. Er musste jeder Spur nachgehen. Es klopfte an der Salontür und eine ältere Frau trat ein. Unsicher sah sie sich um. „Wer sind Sie denn jetzt?", fragte der Kommissar.

„Ich bin die Inge vom Bootsdeck. Ihre Kollegen haben mich abgeholt und hergebracht."

„Inge", riefen die Landfrauen aus einem Munde, „die Polizei hat uns verhaftet!"

„Ruhe", donnerte der Kommissar. Er stand auf und ging auf Inge zu. „Ist es richtig, dass diese Person", er zeigte auf Rita, „Ihr Bootsdeck ohne Theo verlassen hat?"

„Ja", hauchte Inge. „Theo hat sich noch ungefähr zehn

Minuten mit mir unterhalten, dann ist er gegangen."

„Na siehst du", kreischte Rita, stand auf und schlug dem Polizisten auf die Schulter.

„Vielleicht können wir jetzt zusammenarbeiten, wir haben Erfahrung in polizeilichen Ermittlungsarbeiten und zwar sehr erfolgreich. Ruf doch mal deinen Kollegen Ingwer Ingwersen auf Sylt an." Wie selbstverständlich war Landfrau Rita mit dem Kommissar zum vertrauten „du" übergegangen. Jens Fischer sah sie entsetzt, aber auch ein wenig amüsiert von der Seite an. So ein Verhör hatte er noch nie erlebt, und er blickte auf fünfzehn Jahre Erfahrung zurück.

In Luke II saßen an dem großen runden Hochzeitstisch des Brautpaares Hans-Hugo, Josef, Kalli, Doris und Frank. Die meisten Hochzeitsgäste hatten nach dem Eintreffen der Polizei die Passat verlassen. Der DJ räumte bereits seine Sachen zusammen und das Servicepersonal stand gelangweilt in der Ecke neben der kleinen Bar. Doris weinte schon seit Stunden, und Hans-Hugo waren seine Taschentücher ausgegangen. Die Männer diskutierten wieder und wieder die Abläufe des Abends. Nur Frank schwieg. Obwohl sein Vater seit drei Stunden verschwunden war, zeigte er kaum Gefühlsregungen. Plötzlich stürmten die drei Landfrauen hinein. „Seid ihr freigelassen?", freute sich Josef und stand auf, um Rosi in seine Arme zu schließen.

Rita schmiss sich auf einen der freien Stühle und zündete sich eine Zigarette an: „Ja, Inge war da und hat ausgesagt, dass ich das Bootsdeck alleine verlassen habe und dass Theo erst zehn Minuten später ging." Kalli klatschte vor Freude in die Hände. Frank rümpfte seine Nase und meinte: „Hier ist Nichtraucher."

Gelassen blies Rita den Rauch in die Luft und antwortete: „Du hast komische Sorgen wo doch dein Vater verschwunden ist." Ausgerechnet Doris stand auf und ging zum Tresen. Sie kehrte mit einer leeren Untertasse zurück, die sie Rita hinstellte.

„Danke", sagte Rita. Es war das erste Wort, was sie seit Jahren mit ihrer ehemaligen Freundin wechselte. Doris Blick fiel auf die Zigarettenschachtel. „Nimm dir eine", meinte Rita, „so wie früher, wenn es brenzlig wird, dann rauchen wir zusammen eine." Doris lächelte und kam der Aufforderung gern nach. Frank schüttelte mit dem Kopf. Dass seine neue „Mutter" nun auch noch rauchte, schien ihm gar nicht zu gefallen. Hans-Hugo atmete auf, zumindest das Problem schien sich zu entspannen.

„Lasst uns alle zusammen noch ein Glas Wein trinken und dann gehen wir nach Hause. Die Polizei wird hier auf dem Schiff mit ihrer Arbeit bald fertig sein", lud Doris ein. Niemand widersprach und sie winkte einen der Kellner herbei.

Als die Freunde sich weit nach 3 Uhr nachts trennten, hatten sie beschlossen, für den Rest des Neujahrstages keine Verabredungen zu treffen. Jeder wollte für sich erst einmal ausschlafen und die Ereignisse des Abends und der Nacht sacken lassen. Sie trennten sich am Steg der Passat, Rita und Rosi mussten nach links, Hans-Hugo, Josef, Kalli und Ute nach rechts. Der Mond schien hell in dieser Nacht über Travemünde. Über ihnen kreisten ein paar Möwen, die anscheinend auch nicht schlafen konnten und kreischten. „Schlafen Möwen wirklich nie?", fragte Rita Hans-Hugo. Dieser zuckte ratlos mit den Schultern. Alle tauschten innige Umarmungen aus und jeder der Freunde ging müde von dem ereignisreichen Tag seiner Wege.

Ina und Basti waren gegen Mittag aufgebrochen, um die nahe Hansestadt Lübeck zu besuchen. Rita und Rosi erklärten sich bereit, den Babysitter für Filippa und Herrn Schmitt zu spielen. Gegen 14 Uhr meinte Rosi jedoch, sie würde gern noch einmal rausgehen. Herr Schmitt bräuchte schließlich Auslauf. Gnädig ließ Rita sie gewähren. Es war wieder ein kühler Wintertag und die Sonne kam nur ab und zu heraus, das war ohnehin kein Wetter nach ihrem Geschmack. Die Freundin hatte ja recht, der Hund musste dringend raus. Rosi verließ das Ferienhaus mit Herrn Schmitt und schlug den Weg zum Strand ein. Als sie um die Düne bog, sah sie Josef. Er wartete bereits auf sie. „Da bist du ja", freute er sich und schloss sie in seine Arme. Tief blickte er in ihre Augen. Sie lächelte ihn an. Er fasste sich ein Herz und küsste sie, erst sanft und vorsichtig, dann immer inniger. Als der lange Kuss endete, sagte
Josef: „Ich liebe dich."
„Ich dich auch", hauchte sie zurück und fühlte sich zurückversetzt in ihre Teenagerzeit vor fast fünfzig Jahren. Eine Weile standen sie eng umschlungen da. Herr Schmitt hatte sie inzwischen mehrfach umrundet

und quasi mit seiner Leine aneinandergefesselt. Hunde waren doch so schlau. Die Welt um sich herum, nahm das Paar nicht mehr wahr. Weder das Rauschen der Wellen, noch die Schreie der Möwen, die über sie hinwegflogen. Als sie sich voneinander lösten, schlug Josef vor, ein wenig am Strand entlang zu gehen. Rosi stimmte zu. Sie befreiten sich von der Leine und lachten über Herrn Schmitt, der laut bellte. „Ja, ja, mein Lieber, wir gehen mit dir spazieren", meinte Josef und streichelte den Kopf des Hundes liebevoll.

Arm in Arm gingen sie am Strand entlang. „Hast du Rita gesagt, dass wir uns treffen?"

„Nein", meinte Rosi. Josef lächelte verständnisvoll, er fühlte sich um Jahre jünger und sehr wohl mit Rosi an seiner Seite. Eine Weile schwiegen beide. Rosi beobachte staunend, wie sich ein großer Frachter der Hafeneinfahrt von Travemünde näherte. „Wie hoch diese Frachter mit Containern beladen sind ", fand sie, „ob da nicht auch mal ein Container hinunterfällt?"

„Bestimmt", antwortete Josef, „diese Schiffe werden ja immer bis zum Maximum bepackt." Sie erreichten die Stelle am Strand, die den Textil- vom FFK-Bereich trennte. „Schade, dass nicht Sommer ist", sagte Josef kühn. Rosi wurde ein wenig rot, lachte aber und kuschelte sich noch enger an ihn, sie blieben stehen und küssten sich erneut. Herr Schmitt zog ungeduldig an seiner Leine, diese ewigen Pausen war er von seinen Spaziergängen mit Ina nicht gewohnt. „Darf ich dich wieder besuchen, wenn ihr zurück in Wülferode seid?", wollte Josef wissen. Er hatte Rosi im letzten Jahr schon zweimal besucht, war aber immer abends wieder nach Hause gefahren.

„Das wäre schön", freute sie sich, „aber dann bleibst du für ein ganzes Wochenende, ja?" Josef strahlte, sie küssten sich erneut. Herr Schmitt begann zu knurren, doch niemand kümmerte sich darum.

„Wollen wir es den anderen schon sagen?", fragte Josef.

„Noch nicht, lass uns den richtigen Zeitpunkt abwarten", fand Rosi, „Morgen ist erstmal die Rettung von Inges Bootsdeck dran. Außerdem diese Aufregung um Theo, und Rita ist immer noch fix und fertig mit den Nerven. Dann ist sie nicht belastbar und kaum offen für neue Dinge."

„Gut", stimmte Josef zu, „wir haben Zeit, hoffentlich noch ganz viel Zeit." Rosi dachte, dass sich dieses neue „Wir" unheimlich gut anhörte.

Als Rosi mit Herrn Schmitt zurück ins Ferienhaus kehrte, waren Basti und Ina aus Lübeck schon wieder da. Sie schwärmten von dem Wahrzeichen Lübecks, dem Holstentor und den zahlreichen Kirchen, die sie besichtigt hatten. Überhaupt hatte es ihnen diese alte Hansestadt mit ihren Gängen und antiken Häusern angetan. „Ich fühlte mich wie in die alte Kaufmannszeit von früher zurückversetzt", schwärmte Basti. Aus der Küche duftete es nach Essen und Rosi zog rasch ihren Mantel aus, um nachzuschauen. Rita lag gelangweilt auf der Couch und trank einen Prosecco. „Du warst ja lange weg", sagte sie, „was gab es denn da draußen so Interessantes bei der Kälte?"

„Nur Meer, Strand, Schiffe und Möwen", strahlte Rosi, „sonst nichts."

„Möwen", stöhnte Rita genervt. Rosi erreichte die Küche. Dort stand Ina und war gerade dabei vier halbe frisch gegrillte Hähnchen auszupacken, die sie und Basti zum Abendessen aus einem Imbiss mitgebracht hatten.

„Oh lecker", freute sich Rosi, die jetzt erst merkte, wie hungrig sie war. Ina zwinkerte der Freundin zu und grinste über beide Wangen. Sie deutete auf das Küchenfenster, aus dem man auf den Weg hinausblicken konnte, der zum Strand führte. Genau dort hatte Rosi eben einen langen letzten Abschiedskuss von Josef bekommen. Rosi begriff, dass Ina sie beobachtet hatte. Verlegen schaute sie zu Boden, doch Ina drückte nur herzlich ihre Hand und bedeutete ihr mit einer Geste, dass sie darüber schweigen würde. Rasch deckte Rosi den Tisch im Wohnzimmer. Sie hatte ein Kribbeln im Bauch, das sie kaum beschreiben konnte.

Möwengeflüster

Auch Kraki und Mecki fanden erst in den frühen Stunden des Neujahrstages in den Schlaf. Wieder hatten sie dafür ihren Lieblingspoller in der Nähe der Passat ausgewählt. Bevor sie eingeschlafen waren, hatte es noch eine heftige Diskussion gegeben, denn natürlich hatten sie aus der Luft die Ereignisse auf dem Priwall in dieser Nacht verfolgt. Mecki schwor Stein auf Bein, dass sie gesehen hätte, wie Theo alleine in sein Auto gestiegen war und die Halbinsel mit der Fähre verlassen hatte. Kraki glaubte ihr das nicht. Er war zu der Zeit gerade ausgeflogen, um für das Abendessen zu fischen, denn er wollte seine Möwenfrau am letzten Tag des Jahres verwöhnen. Mecki war außer sich gewesen, dass ihr Mann ihr nicht glaubte, da half noch nicht mal ein feiner, frischer Leckerbissen aus dem Meer. „Mecki, ich bitte dich", hatte Kraki gesagt, „hätte die Polizei nicht als erstes nach dem Auto von Theo geschaut?"

„Die Spur haben die übersehen", hatte sie gezickt,

„Menschen sind nicht perfekt. Wir sind später über den Parkplatz geflogen, stand da der Wagen von Theo oder nicht?"

„Nein, er stand nicht da", hatte Kraki zugeben müssen.

„Siehst du, er stand nicht da, weil er mit ihm weggefahren ist. Eine Entführung fällt also aus, da können die Hundertschaften der Polizei noch die ganze Nacht den Priwall durchkämmen, da werden sie ihn nicht finden."

„Aber warum sollte ein Bräutigam seine Frau quasi vor dem Altar stehen lassen?", hatte Kraki gefragt und hilflos mit seinen Flügeln geschlagen.

„Das wird noch aufzuklären sein", hatte Mecki gemeint, „aber diese Landfrauen sind ohnehin taffer als der Oberkriminalkommissar Fischer, die werden das bestimmt herausbekommen."

„Was du bloß immer mit diesen alten Frauen hast", hatte Kraki genervt aufgestöhnt.

Da hatte Mecki sich wortlos zusammengekauert und war ohne ein weiteres Wort eingeschlafen. Es kam selten vor, dass sie nicht ineinander verschlungen und angekuschelt ins Reich der Träume glitten. Kraki hoffte inständig, dass dies kein schlechtes Omen für das neue Jahr war, das gerade erst begonnen hatte.

Kling Glöckchen, klingelingeling

Am nächsten Tag trafen die Landfrauen bereits um 6 Uhr morgens mit ihren Handzetteln und Transparenten bewaffnet beim Bootsdeck ein. Als sie durch den Passathafen gegangen waren, hatten sie nochmals die entstehenden Neubauten genau unter die Lupe genommen. Aufgrund der frühen Uhrzeit waren noch keine Bauarbeiter am Werk und die Atmosphäre erinnerte sie an eine Geisterstadt. Der Bau des neuen Hotels am Bug der Passat war bereits dreistöckig hochgezogen worden. Die exklusiven Strandvillen in unmittelbarere Nähe zum Hafen befanden sich noch im Rohbau. Der Nebel, der heute grau und dicht über dem Priwall lag, hatte den Eindruck der Leere nur noch verstärkt. „Wenn sie fertig ist, diese Waterkant, dann wird das hier hochmodern. Passt aber gar nicht zur historischen Seite von Travemünde", hatte Ute gefunden.

„Und es passt erst recht nicht zur Passat, diesem alten

Schiff, das so eine lange Geschichte hat", war Ritas Antwort gewesen. Auch die Männer trafen pünktlich am Bootsdeck ein. Inge hatte Frühstück gemacht, es gab Mettbrötchen mit frischen Zwiebeln belegt, frisch aufgebrühten Kaffee und Orangensaft. Die Freunde ließen es sich schmecken, nur Inge blickte sorgenvoll drein. Rosi bemerkte das und nahm sie in den Arm.

„Wir schaffen das", sagte sie und ihre Stimme klang optimistisch.

„Ich weiß nicht", jammerte Inge und seufzte.

„Die sollen mal antanzen mit ihren Baggern, die kennen mich, die Landfrau aus Wülferode, noch nicht", meinte Rita kauend mit vollem Mund.

„Inge, mach doch bitte mal einen Sekt auf, damit wir in Schwung kommen", bat Ute.

„Sekt?", fragte Inge, „heute brauchen wir was Härteres, lasst uns einen Fischergeist trinken."

„Juhu", freute sich Kalli, „düsse Afriss gefallt mi nu al."

„Kalli", tadelte Ute ihren Freund kopfschüttelnd. Erstaunlicherweise ignorierte Rita dieses Mal komplett Kallis Rückfall in das Plattdeutsche. Inge servierte derweil und erklärte, dass man den Fischergeist mit einem Streichholz anzünden müsse, da er über stolze 56 Prozent Alkoholgehalt verfüge.

„Das ist ja wie letztes Jahr mit dem Friesengeist auf Sylt, den wir immer in der Zeche getrunken haben", staunte Rita.

„Aber hier ist es genau so schön", gab Rosi zu und lächelte Josef über den Tisch hinweg an. Es war ihr erster intensiver Blickkontakt an diesem Morgen und in Rosis Magen kribbelte es gewaltig. Die Freunde stießen an.

„Auf das Bootsdeck", schrien die Landfrauen im Chor. Sorgenvoll sah Inge auf die Uhr. Es war halb 7, die Abrissarbeiten waren ihr für Punkt 7 Uhr angekündigt worden.

„Hier wird heute nichts abgerissen, Inge", sagte Hans-Hugo und wischte sich mit seiner Serviette über den Mund.

„Wie könnt ihr da bloß nur so sicher sein?", zweifelte diese.

„Nun", erklärte Hans-Hugo, „erstens kenne ich unsere drei Frauen hier. Wenn die etwas verhindern wollen, dann tun sie es auch. Zweitens habe ich gestern den ungewohnt ruhigen Abend genutzt und telefonisch die Presse der ganzen Küste verständigt. Das kann sich das Waterkant-Projekt im Leben nicht leisten. Außerdem habe ich mir überlegt, dass wir uns als erstes die behördliche Abrissgenehmigung zeigen lassen. Du hast lediglich per Post den Termin bekommen, aber die Verfügung der Behörde fehlte."

„Hans-Hugo, du bist der Größte", grölte Rita, „dich kann man ruhig mal einen Abend allein lassen, da kommen ja Wunder bei heraus." Vor lauter Aufregung bekam sie einen Hustenanfall. Hans-Hugo klopfte ihr liebevoll auf den Rücken.

„Transparente, Plakate, alles gut, aber irgendwas fehlt uns noch. Wir haben kein Megafon oder so etwas in der Richtung", meinte Ute.

„Was Lautes wäre gut", fand auch Rita.

„Seid ihr nicht laut genug?", lachte Kalli. Hans-Hugo sah sich um. Sein Blick fiel auf drei alte Schiffsglocken, die zur Dekoration auf der Theke standen. Er stand auf und sah sie sich näher an. Sie waren bronzefarben und sahen antik aus. Vorsichtig schüttelte er eine und sie begann zu klingen.

„Lokalrunde", freute sich Kalli, der das Ritual der Kneipe seit vielen Jahren kannte.

Hans-Hugo drehte sich um und meinte: „Heute nicht, da machen wir es anders! Mädels, zu euren Rufen läutet ihr abwechselnd mit den drei Glocken, die nehmen wir mit raus."

„Sie gehören schon lange zum Inventar meines Lokals, das passt gut", fand Inge.

„Die Glocken, die das Bootsdeck retten", sinnierte Josef. „Glocken rufen auch in der Kirche die Menschen." Er war wieder ganz in seiner Pastorenrolle angekommen.

„Kling, Glöckchen, klingelingeling", begann Rita zu singen und kramte Zettel und Stift aus ihrer Handtasche.

„Was machst du da?", fragte Ute.

„Das wird unser Motto, ich dichte jetzt eine Strophe des Liedes um und das singen wir zwischen unseren Schlachtrufen", freute sich Landfrau Rita.

„Oh, fein", meinte Rosi und klatschte vor Freude in die Hände. Nach nur fünf Minuten stand der Text fest und die Landfrauen machten ein paar Gesangsproben:

*Kling, Glöckchen, klingelingeling,
kling, Glöckchen kling!
Mädchen hört und Bübchen,
reißt nicht ab das Stübchen,
hört jetzt auf zu graben,
macht, was wir euch sagen!
Kling, Glöckchen, klingelingeling,
kling, Glöckchen kling!*

Plötzlich ertönte von draußen ein lautes Brummen. Inge sah auf die Uhr. Es war 5 Minuten vor 7 Uhr. „Da sind sie", hauchte sie angsterfüllt.

„Auf in den Kampf", schrien die Landfrauen und zogen schnell ihre dicken Jacken an. Während die Männer die Transparente nahmen, schnappten sich die Frauen jeweils eine Glocke und stürmten hinaus. Inge folgte ihnen, ihre Aufgabe als Chefin des Hauses war es, die Handzettel zu verteilen. Das Herz pochte ihr bis zum Hals.

Vier Bagger standen vor dem seit Tagen eingezäunten Gebiet rund um das Bootsdeck. Die Motoren röhrten laut und gewaltig. Mit ihren offenen Schaufeln wirkten sie auf die Freunde wie Monster, die zum Angriff mehr als bereit schienen. Auf der anderen Seite des Zauns hatten sich zahlreiche Menschen versammelt. Hans-Hugo strahlte, seine Bemühungen bei der Presse waren nicht ohne Folgen geblieben. Er erkannte die Lokalreporter von „Der Reporter", der „Möwenpost" und der großen Tageszeitung „Lübecker

Nachrichten". Sie alle schossen erste Fotos mit ihren großen Kameraobjektiven und kritzelten eifrig in ihre Notizblöcke. Sogar ein Übertragungswagen des beliebten Radiosenders „Radio Schleswig Holstein" war gekommen. Der Norden, der Norden, der Norden dreht auf, dachte Hans-Hugo passend zum Motto des Senders. Ihn freute aber auch, dass viele Passanten gekommen waren, irgendwie hatte sich die Nachricht vom Abriss der Kneipe wie ein Lauffeuer in Travemünde verbreitet. Am Vortag hatte er die geplante Aktion seinem Nachbarn im Holunderhof erzählt. Der fand sie ganz toll und wollte sie gleich auf Facebook posten. Vielleicht kämen dadurch ja noch weitere Anwohner. Hans-Hugo kannte sich mit diesen modernen Medien nicht aus, aber der Erfolg bestärkte ihn, sich dafür vielleicht doch zu öffnen. Die Landfrauen begannen ein erstes Mal ihr Lied zu singen, während Inge zu den Zuschauern eilte und eifrig Handzettel verteilte. Als sie damit fertig war, scharten sich eine große Menschentraube und zahlreiche Reporter um Inge herum. Hans-Hugos Plan schien aufzugehen. Derweil läuteten die Frauen das zweite Mal die Glocken. Nichts passierte. „Mädels, wir singen noch eine Runde", befahl Rita.

„Das wird nichts", meinte Basti, der mit Ina, Filippa und Herrn Schmitt ein wenig abseits der Menschenmenge am Zaun stand. Er und seine Familie wollten es sich nicht nehmen lassen, dieses Ereignis anzusehen - wenn auch aus der Distanz.

„Abwarten", meinte Ina, „du kennst die Mädels."

„Oh, ja", seufzte Basti und trat von einem auf das

andere Bein, ihm war kalt.

Plötzlich fuhr ein Polizeiauto vor und Oberkriminalkommissar Jens Fischer stieg mit ein paar Kollegen aus. Es war absolut unklar, wer die Polizei gerufen hatte. Als die Baggerführer die Polizei sahen, schalteten sie sofort die Motoren der Fahrzeuge aus.

„Der kommt mir gerade recht", rief Rita ihren Freundinnen zu und strahlte über beide Wangen. Inge erschrak beim Anblick der Polizei und zog sich sofort in ihre Kneipe zurück. Sie hatte Angst, etwas Unrechtes begangen zu haben. Nicht so die Landfrauen, die nur zu gern erneut ihr Lied sangen.

„Was ist denn hier los?", wollte Kommissar Fischer wissen. Einer der Baggerfahrer stieg aus seiner Fahrerkabine aus und erklärte dem Kommissar, dass heute das Bootsdeck abgerissen werden soll. „Alles gut und schön", meinte dieser, „aber da sind Menschen auf dem Gelände, die können Sie doch nicht überfahren?" Der Mann kratzte sich verlegen am Kopf. Rita hatte die Gelegenheit genutzt, sich vor den Zaun zu bewegen.

„Guten Morgen, Jens", grüßte sie herzlich den Kommissar.

„Morgen", kam es von ihm recht einsilbig zurück. Seine Wiedersehensfreude mit Landfrau Rita hielt sich sichtlich in Grenzen.

„Wir werden hier nicht weggehen", erklärte sie dem Abrissarbeiter, „da müssen Sie uns schon umfahren, wenn Sie das Bootsdeck abreißen wollen."

„Das wäre Körperverletzung", gab Jens zu bedenken.

Hans-Hugo trat dazu und meinte zu dem Baggerfahrer:

„Zeigen Sie uns doch mal den offiziellen Abrissbescheid der Hansestadt Lübeck."

„Den haben wir jetzt nicht mit", meinte dieser, „war doch alles mit dem Investor der Waterkant und dem Amt abgesprochen. Wir sind hier nur das ausführende Organ."

Der Mann zuckte hilflos mit den Schultern und schien überfordert zu sein. Er blickte auf den Boden und fixierte seine Stiefelspitzen.

„Wo ist denn Ihr Investor? Warum ist der nicht da, wenn eine Traditionskneipe geopfert werden soll?", schrie Ute.

„Genau, wir wollen den sprechen, er soll hier herkommen", brüllte Rita noch lauter.

„Er ist im Urlaub", meinte der Baggerfahrer und in seiner Stimme klang Unsicherheit.

„Im Urlaub?", rief nun auch erstaunlich laut Rosi, „und derweil sollen Sie die Drecksarbeit für ihn machen?" Das war für die ruhigste der Landfrauen schon eine ungewöhnliche Ausdrucksweise.

„Inges Bootsdeck bleibt, Inges Bootsdeck bleibt", krähte Kalli im Hintergrund und Hans-Hugo und Josef stimmten mit ein. Der Anführer der Baggerfahrer schien am Ende zu sein. Er zitterte und suchte den Blickkontakt mit seinen Kollegen. Diese wichen den Blicken ihres Anführers aus.

Das nutzte Rita geschickt aus: „Dann sprechen wir eben mit dem Berater des Investors, der angeblich alles mit der Hansestadt Lübeck abgesprochen und organisiert hat. Der soll jetzt mal herkommen und die offizielle Abrissgenehmigung vorlegen." Jens warf der Landfrau einen anerkennenden Blick zu, für so schlau hatte er sie nicht gehalten. Die anderen Fahrzeugführer stiegen aus ihren Baggern aus. Sie vergruben ihre Hände in den Hosentaschen. Wahre Blitzlichtgewitter zuckten durch die Luft. Die Presse hatte ihr Thema für den nächsten Tag gefunden. Eine Sensation am zweiten Tag des neuen Jahres, an dem im Ostseebad Travemünde normalerweise nichts los war.

„Hm", machte der Wortführer der Baggerfahrer, „also der Berater, der ist verschollen, stand doch in allen Zeitungen." Es war ihm deutlich anzusehen, dass er sich in seiner Rolle überhaupt nicht mehr wohl fühlte.

„Dann verschwinden Sie besser auch für heute", schlug Kommissar Fischer vor, „und setzen Sie sich mit Ihrem Auftraggeber dringend in Verbindung. Die Forderung der Vorlage einer offiziellen Abrissgenehmigung durch die Inhaberin oder ihrer Vertretungen hier", dabei deutete er auf die Landfrauen, „ist absolut gerechtfertigt."

„Okay", war die knappe Antwort des Mannes. Er machte seinen Kollegen Zeichen abzurücken. Vor der Reaktion seines cholerischen Chefs im Büro hatte er jetzt schon Angst, doch wenn die Polizei ihn zum Rückzug anwies? Da konnte man nicht widersprechen. Seinen ersten Arbeitstag in diesem Jahr hatte er sich jedenfalls anders vorgestellt. Um 07 Uhr 30 war das Schauspiel vorbei und die vier Bagger tuckerten langsam durch den Passathafen Richtung Priwallfähre.

„Sieg", schrie Rita, als die Motorengeräusche der Bagger

langsam verklungen und streckte ihren Freundinnen die Hände entgegen. Ute und Rosi schlugen ein, dann fassten sie die Männer bei den Händen und tanzten mit ihnen albern im Kreis herum.

„Ich gebe eine Lokalrunde aus, geht auf's Haus", rief Inge mit zitternder Stimme, die sich schüchtern wieder aus ihrer Kneipe getraut hatte, als sie die Bagger hatte davonfahren sehen.

„Du kommst auch mit rein", meinte Rita zu Jens.

„Ja, auf einen Kaffee", war seine Antwort und machte seinen Leuten ein Zeichen, ihm zu folgen. Langsam wurden ihm diese Frauen unheimlich, doch das behielt er für sich.

„Sie haben es tatsächlich geschafft", staunte Basti.

„Sag ich doch", sagte Ina.

„Na ja, für heute, wer weiß was noch passiert. Komm, wir gehen mit rein, da können wir uns gleich verabschieden. Wir sollten zusehen, dass wir uns spätestens in einer Stunde auf den Weg zurück nach Wülferode machen. Es wird bestimmt einiges auf der Autobahn los sein nach den Feiertagen", stimmte Basti zu. Als sie die Tür zum Bootsdeck öffneten, hörten sie bereits wieder den Gesang der Landfrauen.

„Kling Glöckchen, klingelingeling", schallte es ihnen entgegen und die drei läuteten eifrig mit den Glocken. Oberkommissar Fischer stand am Tresen, schlürfte seinen Kaffee und sah die Frauen nachdenklich an. Irgendwie haben die alten Ladys was, dachte er. Dennoch hoffte er, dass dies nun erst einmal die letzte Begegnung mit ihnen für die nächste Zeit war. Diese Frauen waren ihm einfach zu anstrengend.

Eine Stunde später waren Ina und Basti auf der Autobahn unterwegs. Bis Hamburg kamen sie gut durch, doch als der Wechsel von der A1 auf die A7 erfolgte, standen sie in einem längeren Stau. Kein Wunder, wie Basti befürchtet hatte, war der Rückreiseverkehr nach Silvester gen Süden extrem. Hamburg war das Nadelöhr, hier kam zusätzlich der Verkehr von den Nordfriesischen Inseln dazu. Erschöpft hielten sie nach dem Stau an der Raststätte Allertal Ost mitten in der Heide. Ina wickelte Filippa neu und dann begaben sie sich zum Essen in das Restaurant. Basti wählte nur einen Kaffee mit Brötchen, während Ina ihrem Lieblingsburger einer bekannten Fast-Food-Kette nicht widerstehen konnte. Als sie gerade herzhaft in den Burger biss, erstarrte sie. „Ist was nicht in Ordnung?", wollte Basti wissen. Ina tropfte der Käse aus dem Mund, den sie rasch mit der Serviette abwischte.

„Da", machte sie und zeigte auf einen Tisch, der nur fünf Meter entfernt von ihrem war. Basti drehte sich um und wandte sich schnell seiner Frau wieder zu.

„Der eine Mann an dem Tisch sieht ja aus wie Theo", staunte er.

„Der sieht nicht aus wie Theo, das ist Theo", sagte Ina fest überzeugt.

„Life, lebendig und in Travemünde verzweifelt gesucht", kommentierte Basti. Ina hatte ihren Burger zur Seite gelegt und tippte auf ihrem Smartphone herum.

„Der andere Mann ist der Investor der Waterkant, schau mal, habe ich gerade gegoogelt", meinte sie und reichte ihrem Mann das Telefon.

„Zweifelsfrei", fand Basti, „was machen wir jetzt?"

„Gar nichts", schlug Ina vor, „wir schauen jetzt, dass wir ungesehen rauskommen und dann rufe ich heute Abend Rita an, ob sie etwas über den Verbleib von Theo gehört hat. Da scheint was Größeres in Gang zu sein."

„Da halten wir uns auf jeden Fall raus", fand Basti.

„Sicher die beste Lösung. Wer weiß, was da gespielt wird. Rita hat Theo auf jeden Fall nicht umgebracht", kicherte Ina albern. Basti hieb sich vor Lachen auf die Schenkel. Ina bedeutete ihm leise zu sein, indem sie einen Finger auf seine Lippen legte. Geglaubt hatte Ina ohnehin nicht an einen Mord. Landfrau Rita mochte sein, wie sie war, aber ihre Seele war trotz der rauen Schale gut und von tiefer Ehrlichkeit. Möglichst unauffällig schlichen sie sich aus der Raststätte und hatten Glück. Theo war so in sein Gespräch vertieft, dass er seine Umwelt nicht wahrnahm.

Nachdem sie in ihrem behaglichen Reihenhaus in Wülferode angekommen waren, rief Ina Rita auf dem Handy an. Sie sprach fast dreißig Minuten mit der Freundin. Basti packte derweil die Koffer aus und brachte Filippa ins Bett. „Theo gilt immer noch als verschollen", berichtete Ina danach Basti.

„Hast du was gesagt?", wollte dieser wissen.

„Nein", war ihre ehrliche Antwort, „die müssen auch mal zur Ruhe kommen und wir haben gesagt, wir mischen uns nicht ein."

„Es war aber Theo", sagte Basti.

„Ja", stimmte Ina zu.

„Wer lässt eine groß angekündigte Liebesheirat platzen und fährt stattdessen bei Nacht und Nebel zu seinem Investor in die Heide? Und das Ganze ist zwei Tage her, wo war Theo in den letzten Tagen? Irgendwas stimmt da doch nicht", resümierte Basti. Herr Schmitt bellte passend dazu. Ina jedoch ließ sich auf Bastis Schoß gleiten und umarmte ihn liebevoll.

Zärtlich raunte sie in sein Ohr: „Du, das ist mir heute wirklich egal nach der langen Fahrt. Unsere Tochter schläft bereits, lass uns den Rest des heutigen Abends einfach genießen." Nur zu gerne kam Basti Inas Wunsch nach. Sanft schob er sie von seinem Schoß und holte eine gute Flasche Wein aus dem Keller. Ina hatte unterdessen begonnen, den Kamin mit Holz aufzufüllen und ein paar Kerzen zu entzünden.

Am nächsten Morgen erwachten Rita und Rosi um 7 Uhr morgens, da jemand an der Tür des Ferienhauses klingelte. „Die Glocke", murmelte Rita unwirsch und warf sich auf die andere Seite. Auch Rosi versuchte das Geräusch zu überhören. Sie presste sich ihr Kissen über den Kopf. Die Siegesfeier gestern hatte sich bis in den späten Abend gezogen und sie hatte keine Lust, ihr warmes und bequemes Bett zu verlassen. Es klingelte erneut. Rosi seufzte, setzte sich auf und angelte nach ihrem Bademantel. Müde schlurfte sie zur Tür und öffnete.

Davor stand eine strahlende Inge, die mit der Zeitung wedelte und sang: „Mädchen hört und Bübchen, reißt nicht ab das Stübchen, hört jetzt auf zu graben, macht was wir euch sagen!" Der Gesang dröhnte in Rosis Ohren und sie bemerkte, dass ihr Kopf schmerzhaft brummte. Das hatte sie schon lange nicht mehr gehabt. Mit einer Geste bat Rosi Inge hinein. Diese war wacher als wach und begann sofort auf Rosi einzureden. Rosi verzog sich in die Küche, um einen besonders starken Kaffee zu kochen.

„Die Zeitung, die Zeitung ist der Hammer. Die Bagger kamen heute Morgen nicht wieder", rief Inge mit fröhlicher Stimme aus dem Wohnzimmer.

Die Aussicht auf einen spannenden Zeitungsartikel, trieb mittlerweile sogar die müde Rita aus dem Bett, die aus dem Schlafzimmer natürlich jedes Wort verfolgt hatte. Mit zerzausten Haaren erschien sie im Wohnzimmer, grüßte kurz und schnappte sich sofort die Lübecker Nachrichten, die auf dem Esstisch lag. „Guck mal auf Seite fünf", freute sich Inge weiter. Derweil servierte Rosi drei Becher Kaffee. Schwarz, ohne Zucker oder Milch, genau wie taffe Frauen ihn lieben. Rita schlug neugierig die fünfte Seite der örtlichen Zeitung auf:

Drei Landfrauen aus Wülferode retten die legendäre Kneipe Bootsdeck auf dem Priwall in Travemünde vor dem Abriss

Vier Baggerfahrer wurden gestern am 02. Januar überrascht, als sie morgens um 7 Uhr anrückten, um die Kneipe Bootsdeck abzureißen. Die seit über fünfzig Jahren bestehende und inhabergeführte Kneipe soll der Erbauung der neuen Priwall Waterkant weichen (wir berichteten bereits darüber). Doch aus dem Abriss wurde nichts. Drei Landfrauen aus Wülferode versperrten den Baggerfahrern den Zugang zum Gelände und protestierten mit Gesang eines umgedichteten Weihnachtsliedes, zu dem sie Schiffsglocken läuteten. Unterstützt wurden sie von drei bekannten Travemünder Bürgern, deren Namen wir aus Diskretionsgründen nicht veröffentlichen möchten, die Transparente mit der Aufschrift „Inge bleibt – das Bootsdeck darf nicht sterben" trugen. Zuerst forderten sie die offizielle Abrissgenehmigung ein, die nicht vorgelegt worden konnte. Anschließend bestanden sie auf das Erscheinen des Investors, der jedoch im Urlaub weilt. Auch dessen Vertreter Theo K. war nicht greifbar, da er seit der Silvesternacht als vermisst gilt. Ob die Ereignisse des vermissten ehemaligen Bankiers und der Abriss des Bootsdecks zusammenhängen, konnte nicht abschließend geklärt werden. Sehr zur Freude von Wirtin Inge ließ die Polizei die Bagger unverrichteter Dinge wieder abrücken. Kommissar Jens Fischer meinte: „Das muss hier erst einmal rechtlich geklärt werden, ich gebe keinem Baggerfahrer grünes Licht zum Abriss der Kneipe." Wir gehen davon aus, dass es zu einer erneuten Konfrontation kommen wird, wenn der Investor aus seinem Urlaub zurück ist. Ob die Landfrauen aus Wülferode so lange durchhalten werden?

„Wieso haben die unsere Namen nicht abgedruckt", fauchte Rita unbeherrscht los, „die habe ich dem Presseheini dreimal gesagt."

„Vielleicht braucht ihr künftig Visitenkarten", schlug Inge vor. Rosi lachte, dass ihr die Tränen kamen. Ihre

Kopfschmerzen waren wie weggeblasen.

„Wenigstens zeigt uns das Foto ordentlich", fand Rita und nahm einen Schluck von dem Kaffee.

„Und die sind nicht wiedergekommen?", freute sich Rosi.

„Genau", nickte Inge. „Was macht ihr denn heute noch so?"

Rita gähnte, dann meinte sie: „Hans-Hugo will mit uns einen Ausflug zum Brodtener Steilufer machen. Er meint, wir müssen mal runterkommen nach den ganzen Aufregungen."

„Dort ist es landschaftlich wirklich sehr beeindruckend", bestätigte Inge, „da hat Hans-Hugo sicher recht. Das genießt mal und macht euch einen schönen Tag."

Das konnten die Landfrauen gegen Mittag mit eigenen Augen ebenfalls feststellen. Zunächst wanderten alle ein wenig auf dem Fußweg des Steilufers entlang und Hans-Hugo zeigte ihnen, wo die Kräfte des Meeres in der Vergangenheit gewirkt und sich große Brocken dieser Steilküste nach und nach ins Meer zurückgeholt hatten. Sogar ganze Häuser mussten in der Vergangenheit weichen. Josef wusste passend dazu die ungefähren Jahreszahlen zu berichten. Kalli blieb immer wieder stehen. Weder interessierte ihn diese Naturerkundung, noch gab es etwas zu trinken. Außerdem kannte er das alles seit seiner frühen Kindheit, als der Wanderweg an der Steilküste noch doppelt so breit gewesen und teilweise auch anders verlaufen war. Wie oft war er hier sonntags bei gutem Wetter mit seinen Eltern spazieren gegangen. Er blieb mit Ute ein Stück zurück. „Ist es zu anstrengend für dich? Der Arzt hat gesagt, du sollst viel gehen."

Kalli winkte ab: „De Dokter, wat de nich allens seggt. Ik heff eenfach keen Lust hier rümtolastschen. Ik kenn dat allens siet 70 Johr un mit di weer ik ok al mal hier."

Ute fasste nach seiner Hand und meinte versöhnlich: „Aber für Rita und Rosi ist das doch neu."

„Ja, ja", knurrte Kalli.

„Komm", sagte Ute, „wir gehen schon mal langsam in Richtung Gaststätte Hermannsruh. Hans-Hugo hat dort für 13 Uhr einen Tisch reserviert."

„Okay", meinte Kalli und freute sich insgeheim schon auf einen heißen Grog. Die anderen Vier kamen eine halbe Stunde später nach.

Rosi strahlte über das ganze Gesicht: „Ist das toll hier und dieser einzigartige Ausblick über das Meer, die kreisenden Möwen über uns, die Segelboote auf der Ostsee, ich bin richtig verliebt!" Sie schlug sich mit der Hand auf den Mund.

„Ach?", fragte Rita nach und durchbohrte erst die Freundin, dann Josef mit ihrem Blick.

„Na, in Travemünde, in seine Möwen und so", piepste Rosi verlegen. Josef grinste.

„Sonst würden wir das ja wohl auch wissen, oder?", warf Ute ein.

„Rita, du hast damals auf der Weltreise auch gesagt, du wärst in Auckland verliebt, warum darf ich nun nicht in Travemünde verliebt sein?", gab Rosis schon selbstbewusster zur Antwort.

„Streitet doch nicht, und wer ist dieser Auckland?", versuchte Hans-Hugo zu schlichten und gleichzeitig zu scherzen. „Wer mag jetzt einen Grog?" Fünf Hände schnellten in die Höhe und die Landfrauen kicherten albern. Manchmal war Hans-Hugos Humor einfach zu komisch. Rosi und Josef tauschten ein Lächeln aus, was Ute deutlich registrierte. Ute überlegte, ob die Freundin ihrem Rat gefolgt war. Aber warum erzählten Rosi und Josef es denn nicht allen? Sie hatten doch sonst keine Geheimnisse voreinander. Neuerdings vorzugeben, in Möwen verliebt zu sein, fand Ute einfach affig.

Nach dem Besuch von Hermannsruh fuhr Hans-Hugo, der sich den Kleinbus seiner Seniorenresidenz ausgeliehen hatte, die Freunde noch ein wenig an der Küste entlang. Die Landfrauen sahen das kleine Fischerdorf Niendorf, das mondäne Strandbad Timmendorfer Strand und das aufstrebende Scharbeutz mit seinen vielen neuen Bauten, die in den letzten Jahren entstanden waren. Danach kehrten sie nach Travemünde zurück, denn Hans-Hugo hatte die Freunde in sein Penthouse zu einer Fischplatte eingeladen, die er extra beim Fischhändler Neudörp bestellt hatte. Rita und Rosi zeigten sich beeindruckt vom Holunderhof. Ein betreutes Wohnen hatten sie sich ganz anders vorgestellt. Der Ausblick aus Hans Wohnung über den Hafen von Travemünde nahm ihnen den Atem. Gerade fuhr ein Frachter in den Hafen ein und es schien, als ob er mitten durch das Wohnzimmer glitt. „Wow", entfuhr es Rita.

„Als ob man den Frachter anfassen kann", staunte auch Rosi.

„Gefällt es euch?", wollte Hans-Hugo wissen, schaute dabei aber nur Rita an. Diese nickte. Es schellte an der Tür. „Ah, die Fischplatte, pünktlich auf die Minute", sagte Hans-Hugo und öffnete. Eine Angestellte des Hauses grüßte und trat ein. Sie trug eine große Platte vor sich her, die mit Frischhaltefolie abgedeckt war und ging wie selbstverständlich in die Küche.

„Soll ich Sie Ihnen auspacken, Herr Richter?", rief sie.

Rita rannte ihr förmlich hinterher, schob sie freundlich zur Seite und sagte: „Nein, nein, das mache ich schon, Sie können gehen." Die Angestellte lächelte und verließ das Appartement. Endlich hat er wieder eine Frau gefunden, dachte sie und hüpfte gut gelaunt in den Fahrstuhl. Tatsächlich werkelte Rita in der kleinen Küche herum, als ob es schon immer ihre gewesen sei. Schon nach kurzer Zeit hatte sie herausgefunden wie diese sortiert war. Hans-Hugo freute das, so konnte er in aller Ruhe den bereits heute Morgen ausgewählten und inzwischen gut gekühlten Weißwein ausschenken.

„Leute, es gibt Lachs, Aal, Makrele und Forelle", gab Rita bekannt. Sie hatte zwar keine Ahnung von Räucherfisch, aber auf der Folie hatte ein Zettel geklebt, der die genauen Fischsorten und auch den Preis ausgewiesen hatte. Bei dem Geldbetrag hatte sie geschluckt, doch sie vermutete, dass es sich um den besten Fischhändler der Stadt handelte. Da musste man als Kunde sicher die Qualität bezahlen. Eine Weile kauten alle schweigend. Rosis Blick fiel plötzlich auf die aufgeschlagene Tageszeitung.

„Was machen wir jetzt mit Inges Bootshaus?"

„Auf den Investor warten", meinte Rita.

„Wer weiß, wann der wieder kommt", sagte Ute.

„Theo könnte das Problem auch lösen", gab Hans-Hugo zu.

„Na, der ist doch immer noch verschwunden", war Kallis Antwort.

„Tot ist er jedenfalls nicht, sonst hätten sie ihn schon gefunden. Die Polizei hat doch den ganzen Priwall durchkämmt", konterte Rita.

„Rita, so was sagt man aber nicht", fand Rosi.

„Sie hat recht", meinte Hans-Hugo und begann im Raum auf und abzugehen. „Wäre er Opfer eines Gewaltverbrechens geworden, hätte man ihn sicher schon gefunden. Die Polizei hat fast 24 Stunden das ganze Gebiet auf dem Priwall durchsucht. Sein Auto ist übrigens auch verschwunden."

„Der ist abgehauen", freute sich Rita, „vor seiner eigenen Hochzeit ist der getürmt, na, das gönne ich Doris."

„Rita, also wirklich", versuchte es Rosi noch einmal.

„Ich glaube, Rita hat recht", stimmte Hans-Hugo zu, „die Frage ist nur, was ist so wichtig gewesen, dass er seine Braut hat sitzen lassen? Es muss mit dem Bootsdeck zu tun haben und vermutlich mit dem ganzen Projekt Waterkant."

„Ich habe ihm nur die Kneipe gezeigt und Inge vorgestellt", entschuldigte sich Rita.

„Gibt es hier noch was zu trinken?", meldete sich Kalli. Hans-Hugo beeilte sich nachzuschenken. Noch eine ganze Weile überlegten die Freunde hin und her. Ihre Gedanken gingen in die unterschiedlichsten Richtungen, doch irgendwann kamen sie zu dem Schluss, dass das alles keinen Sinn machte. Ihnen schienen wichtige Informationen zu fehlen. So kamen sie nicht weiter. Hans-Hugo beschloss, die Freunde und sich selbst auf andere Gedanken zu bringen. Er begann alte Fotoalben aus dem Regal zu nehmen, und sie alle reisten in seine Vergangenheit. Eine Aufnahme zeigte ihn und Gerlinde in jungen Jahren, als sie auf dem Priwall vor dem Bootsdeck standen. Er erklärte, dass seine Tochter, die damals fünf Jahre alt war, die Aufnahme gemacht hatte. Es handelte sich um eine Schwarz-Weiß-Fotografie. Von dem Tag gab es noch mehrere Aufnahmen. Vom Passathafen und seinen zahlreichen Segelbooten, der alten Werft, die inzwischen schon abgerissen war, und auch von dem langen Sandstrand und seinem Wald dahinter, wo heute die kleinen Ferienhäuser standen. Alle waren so vertieft, dass sie erschraken, als plötzlich das Telefon läutete. „Kling Glöckchen, klingelingeling", kicherte Rita albern. Hans Hugo stand auf und drückte auf den Hörer des Bedienteils.

„Wer ist da?", fragte er. Auf seinem Gesicht bildete sich ein ungläubiges Staunen ab. „Ich habe Besuch, warte mal, ich gehe eben ins Schlafzimmer. Er schloss hinter sich die Tür. Die Freunde sahen sich fragend an.

„Villicht sien Fründin", unkte Kalli und Rita warf ein Kissen nach ihm.

„Kalli, dein Platt nervt mich, sagte ich das nicht schon mal", zickte sie ihn an. Gespannt warteten sie auf Hans-Hugos Rückkehr. Allen war natürlich klar, dass hier keine potenzielle Freundin von Hans-Hugo angerufen hatte. Doch wer konnte es sein? Die Spannung der Freunde wuchs von Sekunde zu Sekunde. Es vergingen dreißig quälende Minuten, dann kam Hans-Hugo zurück ins Wohnzimmer. Alle sahen ihn gespannt an. „Theo war am Apparat, ich soll euch schön grüßen", erklärte er.

„Was?", schrien die Landfrauen. Hans-Hugo nickte.

„Wo ist er?", kreischte Rita.

„In seiner Villa Wellengeflüster in Travemünde, er ist gerade zurückgekommen."

„Von wo denn? Warum denn? Lass dir doch nicht jedes Wort aus der Nase ziehen, Hans-Hugo", brüllte nun auch Ute los. Dieser berichtete, was er eben selbst erst erfahren hatte. Theo hatte zu Beginn des Waterkant-Projektes darauf bestanden, dass alteingesessene Läden und Restaurants in das Neubauprojekt integriert werden sollten. Der Investor war jedoch anderer Meinung gewesen und hatte vorgeschlagen, diese Betriebe mit hohen Geldsummen abzufinden. Theo hatte ihm nach langem Zögern schließlich persönliche Gelder in Aussicht gestellt. Dieser Schritt war notwendig, da die zusätzlichen Ausgaben angeblich das Budget des Investors überstiegen. Abfindungsgelder waren nicht im Finanzplan vorgesehen. Begeistert und überzeugt war Theo im Grunde seines Herzens nicht von seiner Privateinlage gewesen. Er konnte es sich zwar leisten, aber schon zu der Phase blieb bei ihm ein bitterer Beigeschmack, den er allerdings selbst nicht begründen konnte. Theo war stets ein Freund davon, Historie zu erhalten, nicht umsonst liebte er alte Bilder und so hatte er schließlich gezahlt. Der Investor hatte ihm jedoch versichert, in seinem Sinne vorzugehen und die Ausgaben genau zu belegen. Alte Gebäude sollten erhalten bleiben, insofern sie die Skyline der Priwall-Waterkant optisch nicht störten. Von Inge hatte Theo jedoch am Silvesterabend erfahren, dass sie außer einer Kündigung noch keinen einzigen Euro, geschweige denn ein Angebot erhalten hatte. Diese kleine Kneipe veränderte die Ansicht der neuen Waterkant nun wirklich nicht, zumal um sie herum einige Bäume standen, sodass sie vom gegenüberliegende Ufer gar nicht zu sehen war. Dass Inge bisher kein Angebot erhalten hatte, hatte Theo so wütend gemacht, dass er umgehend in Richtung Harz aufgebrochen war, um den Investor zur Rede zu stellen. Bei seinem überstürzten Aufbruch hatte er vergessen, sein Handy mitzunehmen. Das Geschäft und das Geld waren ihm in seinem Leben immer wichtiger gewesen als die Liebe, worunter seine frühere Frau Emmi stets gelitten hatte. Die Aufklärung dieser Sache konnte aus seiner Sicht nicht warten. Doris würde er auch im nächsten Jahr noch heiraten können. Er war sicher, dass sie diesen Notfall verstand. Das Glück war Theo jedoch nicht zugetan, sein Auto hatte in Höhe Hamburg einen Motorschaden. Er musste zwei Nächte in einem Hotel nahe der Autobahn verbringen, bis der Wagen repariert werden konnte. Ohne Handy gestaltete sich die Kommunikation sowohl mit der Werkstatt als auch mit dem Investor schwierig. Theo hatte oft überlegt, Doris vom Hoteltelefon anzurufen, doch er unterließ es, weil er dachte, dass es besser sei, ihr die Situation persönlich zu erklären. Bisher hatte er sie in seine Geschäfte noch nicht involviert. Daran, dass sein Verschwinden die Polizei auf den Plan rufen würde und Landfrau Rita in Verdacht geraten würde, hätte er sich in seinen kühnsten Träumen nicht vorstellen können. Den Investor traf er erst gestern an einer Autobahnraststätte. Dieser gestand zähneknirschend, dass er die Zahlungen und Angebote zum Teil noch nicht vollständig abgewickelt hätte. Das sollte erst im neuen Jahr passieren. Theo machte dessen Vorgehen so wütend, dass er schließlich erwirkte, dass Inges Kneipe bleibt. Der Investor musste ihm gleichzeitig alle nicht gezahlten Beträge zurückzuerstatten. Dieser stimmte zu und bat Theo, die Angelegenheit zunächst verschwiegen zu behandeln.

„Juhu, Inges Bootsdeck bleibt", rief Rita dazwischen und die Frauen schlugen vor Freude ihre Handflächen ineinander.

„Sieg", brüllte auch Ute.

„Da kann uns die Zeitung jetzt ruhig nochmal exklusiv interviewen", fand Rita.

„Was hat Doris zu seiner Rückkehr und diesen ganzen Sachen gesagt? Und vor allem zur geplatzten Hochzeit?", hakte Rosi nach. Hans-Hugo, der sich wieder gesetzt hatte, stand erneut auf und begann wieder auf und abzulaufen - wie immer, wenn er nervös war.

„Tja", meinte Hans-Hugo, „gar nichts. Die ist auf und davon."

„Was?", kreischte Rita.

„Das kann doch nicht sein", mischte sich nun auch Josef ein.

„Doch", gab Hans-Hugo zu, „und mit ihr verschwanden einige wertvolle Gemälde, der Safe im Keller stand offen und große Mengen an Bargeld fehlen."

„Heiratsschwindlerin bleibt Heiratsschwindlerin. Die Eheglocken haben nicht geläutet, da hat die sich ihren Anteil eben schon mal so gesichert", war Ritas Urteil. Hans-Hugo sah Rita an und befand, dass jetzt nicht die Gelegenheit war, ihr zu erklären, was damals mit Richard und Doris wirklich passiert war und warum es nie zu einer Eheschließung gekommen war. Das musste warten.

„Ich brauche jetzt einen Schnaps und zwar einen großen", meinte Kalli. Hans-Hugo hatte nur einen teuren Whisky da, doch das war ihm egal. Er schenkte für alle ein und als sie anstießen, erzeugten die Gläser einen Ton, der wie ein mehrfaches „Klingelingeling" klang.

Möwengeflüster

Kraki und Mecki saßen auf dem Priwall nur unweit des Ferienhauses der Landfrauen im Sand. Sie waren dem Meer ganz nahe. Gelegentlich spülten die Wellen das Wasser fast bis an ihre Füße. Es war schon weit nach Mitternacht und trotzdem konnten sie beide nicht schlafen. „Das war ein Tag", meinte ausgerechnet Kraki, der meistens schnell müde, aber heute Abend hellwach war. Sie hatten während der Aktion der Landfrauen auf einem Quermast der Passat gesessen und alles genau beobachtet.

„Die Frauen sind der Kracher", gluckste Mecki. Wie oft waren sie in ihrem Leben über das Bootsdeck hinweggeflogen. Manchmal hatten sie auch auf seinem Dach gesessen und ein wenig ausgeruht. Von dort aus hatten sie immer einen guten Blick über die Trave auf die andere Seite von Travemünde.

„Ja", stimmte Kraki mit einem lauten Krakeel zu, „langsam verstehe ich, warum du die so spannend findest."

„Pst, nicht so laut", wisperte Mecki.

„Theo, der Priwall ist auch deine Jugend", sprach Kraki leiser und wedelte vor Freude wild mit seinen Flügeln, „na, die haben Ideen."

„Und die sind so kreativ", betonte Mecki und zog das letzte Wort bewusst in die Länge.

Liebevoll legte er ihr einen Flügel auf die Schulter und gab zu: „So seid ihr Frauen eben."

Mecki verstand, dass heute am zweiten Tag des neuen Jahres ihre große Chance gekommen war und sie kuschelte sich näher an ihren Möwenmann. Nur kurze Zeit später liebten sie sich so leidenschaftlich wie schon lange nicht mehr und das am Strand, auf den nur das Licht des Mondes einen leichten Lichtschein warf und das Flüstern der Wellen wie Musik in ihren Ohren klang.

Schneeflöckchen, Weißröckchen ...

„Draußen ist alles weiß", rief Rosi am nächsten Morgen, als sie aus dem Fenster des Ferienhauses sah. Rita drehte sich gähnend im Bett nochmals um. Tatsächlich hatte es über Nacht fast zehn Zentimeter Neuschnee gegeben. Rosi blickte in die weiße Winterlandschaft und seufzte. Weihnachten war zwar vorbei, aber ihr gefiel der Schnee. Die Äste der um das Haus stehenden Kiefern erinnerten sie an die Arme eines Schneemanns.

Müde schlurfte Rita heran, sah ebenfalls aus dem Fenster und meinte verächtlich: „Den Mist brauche ich jetzt auch nicht mehr, die Feiertage sind vorbei. Ob wir nun auch noch fegen müssen oder ist das in der Miete des Hauses mit drin? Der Weg ist gar nicht mehr zu sehen, wir sind ja quasi eingeschneit!"

„Schau mal, die schneebedeckten Kiefern, ist das nicht romantisch? Ich möchte rausgehen und eine Schneeballschlacht machen", freute sich Rosi.

„Hast du noch nie Schnee gesehen?", fragte Rita

argwöhnisch nach und steckte sich eine Zigarette an. „Aber, wenn du unbedingt rausgehen willst, da hinten ist ein Besen, da kannst du mal unseren Zugang freimachen."

„Doch", murmelte Rosi und spürte, dass sie schon lange nicht mehr so glücklich gewesen war, wenn sie Schnee gesehen hatte. Ihr Herz klopfte aufgeregt, wenn sie an Josef dachte. Bereits seit über zehn Jahren war sie allein. Ihr ehemaliger Mann war von Beruf Fernfahrer gewesen und bei einem tragischen Verkehrsunfall auf der Autobahn ums Leben gekommen. Bei dem Laster vor ihm war ein Reifen geplatzt, sodass sich das Fahrzeug quergestellt hatte. Rosis Mann konnte nicht mehr abbremsen und raste frontal in den Laster hinein. Ihr Schatz verstarb noch an der Unfallstelle. Danach hatte sich Rosi nie wieder für einen Mann interessiert, zu groß war der Schmerz über ihren Verlust gewesen. Obwohl ihr ehemaliger Mann oft unterwegs war, hatten sie eine gute Ehe geführt, wenn sie auch kinderlos geblieben war. Als sie Josef damals kennenlernte, betrachtete sie ihn zunächst wirklich nur als guten Freund. Jedes Mal, wenn sie sich wiedersahen, freute sie sich mehr und ganz langsam war in ihr ein Gefühl von Zuneigung gewachsen. Die Weltreise hatte ihr gezeigt, dass es für sie nirgendwo auf der Erde einen passenderen Partner gab als Josef. Sie hatte ihn vermisst. Das hatte sie sich aber erst nach ihrer Rückkehr eingestanden. Seit sie ihn auf der Hochzeit in Wülferode als Pastor auf der Kanzel gesehen hatte, war es komplett um sie geschehen. Sie freute sich sehr, dass auch er ihre Gefühle erwiderte.

„Schneeflöckchen, Weißröckchen, wann kommst du geschneit", summte Rosi leise vor sich hin, als sie später nach dem Schneefegen wieder das Haus betrat. „Ich erkenne dich nicht wieder", sagte Rita und begann die vollelektronische Kaffeemaschine anzustellen. Erst gab diese gurgelnde Laute von sich, dann erschien auf dem Display „Trester leeren". Die Landfrau stöhnte genervt auf. Sie hasste diese neumodischen Geräte, die immer ihre Aufmerksamkeit forderten und mit ihr sprachen. Sie sah zu ihrer Freundin hinüber. Die stand wieder am Fenster und starrte erneut hinaus. „Rosi?" Keine Antwort. „Rosi?", kam es mit lauter Stimme von Rita.

Rosi drehte sich um und meinte: „Ja?"

„Ha", machte Rita, „nun weiß ich es."

„Ja", antwortete Rosi, „es ist alles weiß draußen."

Rita, die brav den Trester geleert und die Schale mit heißem Wasser ausgespült hatte, ging ein paar Schritte auf die Freundin zu. Sie zeigte mit dem Finger auf sie und befand: „Du bist verliebt."

Rosi senkte verlegen ihren Blick Richtung Parkettboden des Ferienhauses und wich aus: „Hier müsste mal gesaugt werden."

„Rosi", schrie Rita.

Als Rosi aufblickte, standen ihr Tränen in den Augen. „Ja", gestand sie, „aber sag niemandem was, hörst du? Josef und ich wollten es euch allen zusammen erzählen. Doch dann kam die Aufregung der letzten Tage dazu und heute müssen wir Theo trösten." Sie duckte sich ein wenig, fast so, als ob sie Angst vor Ritas Reaktion hätte.

Diese stürmte auf die Freundin zu, schloss sie fest in

die Arme und rief: „Ich freue mich doch so sehr für euch, du blöde Kuh." Die Freundinnen drückten sich innig und Rosi liefen ein paar Tränen der Erleichterung die Wange hinunter.

Eine Stunde später fuhr Hans-Hugo mit dem kleinen Van des Seniorenheimes vor. Kalli, Ute und Josef saßen schon im Auto und winkten den zwei Landfrauen eifrig zu. Rosi krabbelte nach hinten neben Josef auf den Sitz. „Schnee, ist das nicht ein schöner Schnee", begrüßte er sie strahlend und schloss sie in die Arme. Rita grinste und setzte sich neben Hans-Hugo auf den Beifahrersitz.

„Rosi hat heute mit wahrer Begeisterung Schnee gefegt", erzählte sie Hans-Hugo.

An der kleinen Priwallfähre gab es heute Morgen keine Wartezeit. Die meisten Touristen hatten Travemünde nach dem Jahresausklang verlassen. Nur zehn Minuten später fuhren sie vor der Villa Wellengeflüster im Godewindpark vor. Rita fand das Haus bei Tageslicht noch beeindruckender als am Abend. Es thronte herrschaftlich über dem kleinen Park mit seinem See. Um diesen herum hatten sich mehrere Enten, Möwen und Schwäne gruppiert, denen der Schnee offensichtlich nichts ausmachte. Hans-Hugo läutete und kurze Zeit später öffnete Frank. Sein Gesichtsausdruck erinnerte an eine Beerdigung, seine komplett schwarze Kleidung unterstrich diesen Eindruck zusätzlich. „Kommt rein, Papa ist im Salon", empfing er die Freunde. Er führte sie durch die große Eingangshalle und öffnete eine Tür. Als sie die Treppe passierten, die Doris erst vor wenigen

Tagen hinunter spaziert war, bekam Rita eine Gänsehaut. Es kam ihr alles so unwirklich vor. Theo erhob sich sofort aus seinem Sessel und winkte. Entsetzt blickten die Freunde auf die kahlen Wände im Salon, wo früher teure Bilder von berühmten Malern gehangen hatten. Theo begrüßte die Damen mit einem angedeuteten Handkuss, den Männern klopfte er freundschaftlich auf die Schulter. Frank bot trotz des frühen Morgens Cognac an. Keiner sagte nein.

„Der Kommissar war eben noch mal da", verriet Theo.
„Und?", fragte Rita nach.
„Von Doris fehlt jede Spur." Er lachte verbittert auf und erzählte: „Die wissen ja nicht mal, wo sie Doris suchen sollen. In Hannover, also in ihrer Wohnung, ist sie jedenfalls nicht, da war schon eine Streife."
„Seit wann ist sie denn genau weg?", wollte Hans-Hugo wissen. Theo zuckte mit den Schultern.
Rita überlegte, dann wandte sie sich an Frank: „Du müsstest das doch wissen, du wohnst schließlich hier."
Aber der Angesprochene schüttelte mit dem Kopf und meinte: „Ich lebe in dem Haus hinter der Villa und war seit dem Silvesterabend nicht mehr in unserem Haupthaus. Dabei betonte er die Worte "in unserem" stark.
„Ach so", warf Ute ein.
„Frank hat andere Sachen zu tun, als die Villa zu hüten. Als erfolgreicher Immobilienmanager hat er gerade jetzt nach den Feiertagen viel zu tun", entschuldigte Theo seinen Sohn. Dieser nickte.
„Doris kann überall sein", vermutete Josef und lehnte

sich im Sessel zurück. Durch den Raum hinweg suchte er Blickkontakt zu Rosi. Liebevoll lächelten sie sich an.

„Wir helfen dir, aber nur unter einer Bedingung", beschloss Rita für alle.

Theo lächelte schwach: „Und welche ist das? Die Polizei ist dran, wie wollt ihr da helfen?"

„Die Mädels und wir sind prima Ermittler", wusste Kalli.

„Genau", nickte Rosi zu seinen Worten.

„Das Bootsdeck bleibt", schrie Rita, „das steht nun aber wirklich fest, oder?"

Theo winkte ab und meinte: „Das kann ich versprechen. Ich habe mit dem Investor bereits alles vereinbart und geregelt. Das ist nicht korrekt abgelaufen und ich habe mich für Inge eingesetzt. Sie ist eine tolle Frau."

Die Landfrauen stießen einen Freudenschrei aus. Das war definitiv ein Sieg.

„Zunächst brauchen wir ein aktuelles Foto von Doris", forderte Rita. Frank erhob sich und einen kurzen Moment später hörten die Frauen die Haustür klappen. Nur kurze Zeit später kam er zurück und überreichte Rita eine Kopie eines Porträtfotos von Doris. Die Aufnahme hatte er selbst auf der Viermastbark Passat gemacht. Auf dem Foto strahlte Doris und sah unendlich glücklich und erstaunlich jung aus.

„Ich habe dich gar nicht klingeln hören", warf Ute ein.

„Natürlich hat Frank einen Hausschlüssel", meinte Theo.

Nach ihrem Besuch bei Theo stürmten die Freunde zunächst den Copyshop in der Vorderreihe und ließen zur Sicherheit eine Vervielfältigung von Doris' Foto anfertigen. Einen richtigen Plan hatten sie jedoch noch nicht. Als sich die Mittagszeit näherte, lud Hans-Hugo in die Gaststätte Seemann ein. Die Landfrauen blickten sich um, die rustikale Einrichtung mit Holzbänken und rot gemusterten Tischdecken gefiel ihnen. Dazu noch die einzigartige Lage, direkt an der Wasserkante. Soeben fuhr eine große Fähre vorbei, um kurze Zeit später majestätisch auf die Ostsee hinauszugleiten. Hans-Hugo deutete auf den angrenzenden Wintergarten des Lokals und sagte zu Rita: „Schau mal, hier gibt es sogar einen beheizten Raucherbereich."

Rita lächelte. Seine Fürsorge tat ihr wirklich gut. Sie legte ihm eine Hand auf die Schulter und gab nach einem kurzen Blick in die Speisekarte bekannt: „Ich will eine Currywurst mit Pommes rot-weiß. Mal was anderes nach dem ganzen Fisch. Bestellst du das für mich?"

„Natürlich", war die Antwort von Hans-Hugo und schon entschwand Landfrau Rita in Richtung Wintergarten. Einige Minuten später kehrte sie jedoch an den Tisch zurück.

„War es doch kalt, du bist ja schon wieder da?", fragte Hans-Hugo mitfühlend und legte seine Hand auf ihre. Rita hatte jedoch warme Hände.

„Nee", meinte Rita, „aber beim Rauchen hatte ich einen Geistesblitz. Das geht mir oft so, ich muss euch davon erzählen." Gespannt sahen die Freunde sie an.

Rita nahm wieder am Tisch Platz, lehnte sich zurück und verkündete: „Ich glaube nicht, dass Doris Travemünde verlassen hat."

Genau in diesem Moment trat der Kellner mit einem voll beladenen Tablett an den Tisch. Rita, die gerade wortreich ausholen wollte und unerwartet ihre rechte Hand hob, brachte den Kellner aus dem Gleichgewicht. Sein Tablett bekam Schräglage und binnen Sekunden rutschten ihm alle Gläser hinunter auf den Boden. Mit einem Aufschrei rettete Ute ihre Handtasche, die offen auf dem Boden gestanden hatte. Kalli bekam ein paar Spritzer seines Biers ab. Josef sprang noch auf, konnte aber nicht mehr helfen. Der Kellner bekam einen knallroten Kopf und meinte: „Oh, je, bitte entschuldigen Sie."

„Wi hebbt hüüt al duscht", feixte Kalli und kassierte von Ute einen Tritt unter dem Tisch und das nicht nur wegen seinem Platt.

Rita, die sich durchaus ihrer Schuld bewusst war, stand auf und meinte: „Wir helfen Ihnen."

„Nein, nein", winkte der Mann ab, „setzten Sie sich mal einen Tisch weiter ins Trockene, ich erledige das hier schon." Er eilte davon, um einen Wischmopp zu holen. Die Freunde taten, was er sagte. Als sie endlich später mit Getränken wieder zur Ruhe kamen, nahm Hans-Hugo das Gespräch wieder auf.

„Rita, wie kommst du darauf, dass Doris noch in Travemünde ist?"

„Nun, sie ist nicht in Hannover und mein Spürsinn sagt mir das", erklärte die Landfrau.

„Theoretisch kann sie überall auf der Welt sein", überlegte Rosi und zog die Augenbrauen hoch.

„Das ist wie die Stecknadel im Heuhaufen zu suchen", stimmte auch Josef zu.

Hans-Hugo räusperte sich und fragte: „Glaubt ihr wirklich, dass sie die Bilder entwendet und den Tresor leer geräumt hat?"

„Ja", schrie Rita, „und jeder vermutet eine Flucht aus Travemünde, aber sie ist so klug und versteckt sich hier. Da kommt keiner drauf." Sie starrte auf ihr leeres Weinglas und winkte dem Kellner, der sich nur noch vorsichtig dem Tisch näherte. Die anderen Gäste im Lokal sahen sich bereits nach ihnen um, wie Hans-Hugo registrierte, doch das war oft so, und er gewöhnte sich langsam an diesen Zustand.

„Wo soll sie sich denn hier verstecken?", wollte Rosi wissen. Rita zuckte mit den Schultern.

Ute beugte sich vor und sagte: „Irgendwie klingt das für mich auch schlüssig. Bei ihr zu Hause würde jeder als erstes suchen." Rita nickte zustimmend. In diesem Moment servierte der Kellner das Essen. Rita stürzte sich förmlich auf ihre Currywurst mit Pommes.

Eine Zeit lang herrschte Schweigen am Tisch, dann meinte Hans-Hugo: „Gut, einen Versuch ist es wert. Ich schlage vor, dass wir nach dem Essen über die Promenade bummeln und den Passanten das Foto von Doris zeigen. Wenn sie sich tatsächlich in Travemünde versteckt, dann muss sie auch mal rausgehen. Niemand kann sich tagelang ohne Essen nur in einem Zimmer aufhalten."

„Super Plan", schmatzte Rita nicht sehr damenhaft. Dabei lief ihr ein wenig Currysauce aus dem Mund, die Hans-Hugo liebevoll mit seiner Serviette wegwischte.

Den ganzen Nachmittag verbrachten die Freunde auf der Promenade. Die Sonne war herausgekommen und so waren viele Spaziergänger unterwegs. In dicken Jacken eingemummelt bummelten sie an der Ostsee entlang. Die Landfrauen sprachen alle Menschen an, die ihnen begegneten, vom Rentner bis zum jungen Liebespaar. Jedoch schüttelten alle bei einem Blick auf Doris Porträtfoto mit dem Kopf. Auch die Hotels ließen die Freunde nicht aus, es konnte schließlich auch sein, dass Doris in einem der Hotels abgestiegen war, freie Zimmerkapazitäten gab es jetzt nach den Feiertagen genug. Der Page vom Meeritim freute sich sichtlich, Rita und Rosi wiederzusehen, doch helfen konnte er nicht. Immer wieder erzählten sie die gleiche Geschichte, die zugegebenermaßen nicht ganz stimmte. Sie suchten ihre liebe Freundin Doris, die nach dem Verschwinden des Bankiers Theo aus Trauer verschwunden sei. Sie fürchteten, sie wolle sich das Leben nehmen, übertrieben sie großzügig. Hans-Hugo war nicht wohl bei dieser Sache, aber er fügte sich. Die Öffentlichkeit wusste zu diesem Zeitpunkt noch nicht, dass Theo wohlbehalten wieder in Travemünde aufgetaucht war. Auch die anderen Hotels an der Promenade besuchten sie, doch im A´frosa schüttelte man genauso den Kopf wie im noch vornehmeren Kolumbus Hotel. Rosi und Josef schlenderten langsam hinter Rita, Ute, Hans-

Hugo und Kalli hinterher. „Ich sagte doch, die Nadel im Heuhaufen", meinte Josef und hakte Rosi liebevoll unter.

Diese befreite sich jedoch und antwortete: „Rita hat eine gute Spürnase, das hat die Vergangenheit gezeigt."

„Magst du nicht, wenn ich dich anfasse?", fragte er sorgenvoll nach.

„Doch", gab sie zurück, „nur wir sollten es den anderen erst sagen, finde ich."

Er nickte und meinte: „Wann denn?"

„Jetzt im Moment garantiert nicht."

Schließlich erreichten sie die Süffige Seebrücke und wärmten sich bei einem Kaffee auf. Es waren nicht viele Besucher dort. Sie scharrten sich mit ihren Bechern, aus denen es dampfte, um einen Heizstrahler herum.

„Der Inhaber der Bude hat Doris auch nicht gesehen", seufzte Rita. Ihr war kalt und sie war nicht mehr überzeugt, dass ihr Plan zum Erfolg führen würde, doch das zuzugeben kam natürlich nicht in Frage. Der frühe Abend näherte sich, ganz langsam wurde es dunkel und immer weniger Spaziergänger waren unterwegs. Alle schauten ein wenig ratlos drein und beobachteten zwei Möwen, die gemütlich über die kleine menschenleere Seebrücke aus Holz spazierten. Einträchtig watschelten sie nebeneinander her, blieben stehen und begannen miteinander zu schnäbeln. Rita seufzte kurz auf und schüttelte sich, als ob die Kälte dadurch verschwinden würde.

Hans-Hugo nahm sie in den Arm und schlug vor: „Wir gehen jetzt die Kaiserallee entlang zurück und fragen noch einmal alle Passanten, denen wir begegnen." Rita strahlte Hans-Hugo an.

„Genau", sagte Ute, „und dann gehen wir alle noch zu uns nach Hause und machen einen gemütlichen Abschluss." Josef sah Rosi bedeutungsvoll von der Seite an. Diese lächelte und meinte: „Ja, aber nicht mehr so lange heute."

Ute schlug sich mit der Hand vor die Stirn und rief ihren Freundinnen zu: „Mensch, ihr müsst ja auch noch packen, morgen fahrt ihr doch nach Hause."

„Leider", erklang es einstimmig von Rita und Rosi.

„Ich finde es auch schade", sagte Ute und umarmte erst Rita, dann Rosi. Hans-Hugo und Josef sahen sich über den Tisch hinweg an. Unter Männern reichte oft ein Blick. Sie dachten beide dasselbe, aber keiner sprach es in diesem Moment offen aus. Doch ihre Mienen sprachen Bände, dass sie die Frauen am liebsten hierbehalten hätten. Ute beobachtete alle Reaktionen sehr genau und lächelte. Sie befand für sich, dass die Zukunft für sie und ihre Freunde noch aufregend und spannend werden würde.

Gemeinsam brachen sie auf. Nach nur wenigen Schritten gelangten sie von der Süffigen Seebrücke in die altehrwürdige Kaiserallee, die antike Villen aus der Gründerzeit und viele Platanen säumten. Hans-Hugo deutete auf einen kleinen Pavillon. „Das ist der Schiffsführer. Dort gibt es wunderbare frisch belegte Fischbrötchen. Wir könnten dort zu Abend essen und dann zu Ute und Kalli gehen. Was meint ihr?"

Alle stimmten zu. Sie traten ein. Das kleine Bistro war leer, so wie es schien, war die Jahresausklangsaison endgültig beendet. Überall hingen Bilder mit Schiffen und auf den Tischen lagen Servietten mit Leuchttürmen und Muscheln. Zünftig zum Fischbrötchen bestellten alle Bier. Tatsächlich waren die knackigen Brötchen eine echte Sensation. Während die Frauen sich für Lachs mit Meerrettich und einer Honigmarinade entschieden, verspeisten die Männer Aalbrötchen. Nach dem leckeren Mahl bestellten sie bei der netten Bedienung noch eine Runde Korn, der Fisch musste schließlich schwimmen, und fast nebenbei kramte Rita das Foto von Doris heraus und fragte die Kellnerin, ob sie diese Frau kennen würde. Ihre Antwort ließ alle, selbst Kalli, lauthals aufschreien: „Klar, sie isst seit zwei Tagen jeden Mittag bei uns, trinkt zwei Gläser Grauburgunder und nimmt immer noch eine Flasche mit."

Die Bedienung lachte und hielt sich gespielt die Ohren zu. Rita begann die Geschichte von der Sorge um die Freundin zu schildern. Die Kellnerin nickte und meinte: „Ich weiß sogar, wo sie wohnt, kommen Sie mal mit raus, es ist nicht weit."

Die Freunde folgten ihr dicht auf dem Fuß. Sie waren ein wenig verwundert wie einfach nun alles ging. Den ganzen Nachmittag hatten sie nach einer Spur gesucht und der Besuch dieses kleinen Bistros, das sie eher durch Zufall aufgesucht hatten, brachte sie auf die richtige Spur. Rita, die nicht an Zufälle im Leben glaubte, war bereits Feuer und Flamme und strahlte über das ganze Gesicht. Die Bedienung deutete auf ein Haus, das nicht mal einhundert Meter entfernt lag: „Dort hat sie eine Ferienwohnung angemietet, Hochparterre, erzählte sie mir zumindest."

„Es ist diese tolle Villa mit dem Türmchen aus Glas, die mir seit Tagen so gefällt", schwärmte Rosi. Rita zeigte ihr einen Vogel. Momentan hatten sie wirklich andere Sorgen, als die Schönheit der Travemünder Villen zu bestaunen. Das war mal wieder typisch Rosi.

„Danke, das war sehr hilfreich, da gehen wir gleich mal schauen, ob wir unsere Freundin finden", meinte Ute wesentlich diplomatischer zu der Kellnerin.

„Mir ist die Dame so genau im Gedächtnis geblieben, weil sie immer in einem weißen Rock bekleidet zu Mittag kommt. Das passt nicht wirklich in unsere Jahreszeit", erklärte die Bedienung.

„Schneeflöckchen, Weißröcken, wann kommst du geschneit, du wohnst in den Wolken, doch der Weg ist nicht weit", begann Rita zu singen und in ihrer Stimme war der kurz bevorstehende persönliche Triumph deutlich hören.

Hans-Hugo zahlte rasch die Rechnung für alle und meinte: „Kommt, lasst uns nachsehen." Die nette Kellnerin winkte zum Abschied und wünschte den Freunden viel Erfolg. Sie dachte nicht im Traum daran, etwas falsch gemacht zu haben. Im Gegenteil, sie freute sich, dass sie helfen konnte. Pfeifend betrat sie wieder die Gaststätte und rief in die Küche: „Wir machen Schluss für heute, jetzt kommt bestimmt kein Gast mehr."

„Endlich mal früher Feierabend", freute sich auch der Koch.

Die Freunde erreichten die Villa nach wenigen Schritten. Sie blickten sich nach allen Seiten um, doch außer ihnen war niemand auf der Straße zu sehen. Es war still, bis auf ein paar Möwen, die laut schreiend über ihnen kreisten. Rita sah nach oben und meinte: „Könnt ihr mal den Schnabel halten? Wir müssen uns konzentrieren." Hans-Hugo begann zu lachen, nur Landfrau Rita konnte es bringen, mit Möwen zu sprechen. Tatsächlich verstummten diese und flogen zu einem nahegelegenen Baum. Dort setzten sie sich auf einen Ast und es wirkte, als ob sie die Menschen beobachteten.

„Backbord", las Ute das Straßenschild vor.

„Was für eine schöne Adresse", fand Rita. Rosi nickte, ihre Wangen hatten sich vor Aufregung rot gefärbt.

Hans-Hugo spähte über die Mauer, die das Grundstück fast komplett einfriedete und meinte: „Da in der Mitte in der Wohnung brennt Licht. Das ist Hochparterre, wie die Kellnerin gesagt hat." Ritas Blick fiel auf das kleine hölzerne Gartentor.

„Wir schleichen uns durch den Garten an", befahl sie, als sie plötzlich hinter sich eine männliche Stimme vernahm. Sie drehte sich um und sah einen älteren Mann, der einen Müllbeutel in seiner rechten Hand hielt.

„Suchen Sie hier etwas?", wollte dieser wissen und in seiner Stimme lag ein gewisser Argwohn. Er musterte die Freunde von Kopf bis Fuß.

Ute, die blitzschnell erfasste, dass sie genau vor dem Müllcontainer des Hauses standen, der rechts neben der Pforte war, meinte: „Nein, nein, wir ruhen gerade nur ein wenig aus." Sie zeigte auf Kalli und sagte: „Mein Mann hatte einen Bänderriss und muss immer mal pausieren." Kalli deutete mit schmerzverzerrtem Gesicht auf sein Bein und versuchte, möglichst leidend auszusehen.

„Sie müssen ja nicht hier herumlungern, die Straße ist breit genug an dieser Stelle", antwortete der Mann und begann, den Müllcontainer zu öffnen und seinen Beutel mit Schwung hinein zu werfen. Er schlurfte kopfschüttelnd wieder davon.

„Wer war das denn jetzt? Der war ja gar nicht nett", piepste Rosi unsicher.

„Was weiß ich, vielleicht der Hausmeister", antwortete Rita.

Dennoch warteten die Freunde ab, bis der Mann wieder im Hauseingang verschwunden war. Leise öffneten sie die kleine Pforte. Sie quietschte ein wenig. Rita schlich sich, dicht gefolgt von Ute, in den Garten. Die Männer und Rosi überwachten die Straße. Schließlich erreichten die Freundinnen das Appartement, konnten aber nicht direkt in das Fenster hineinsehen, da eine kleine Treppe mit fünf Stufen auf eine Veranda führte. Rita machte Ute ein Zeichen unten zu bleiben. Leise ging Rita die wenigen Stufen hinauf. Sie blickte in ein Wohnzimmer und sah eine hübsche orangefarbene Couchlandschaft, auf der eine Person saß, die Fernsehen guckte. Es lief eine Kochshow, deutlich konnte sie den berühmten Sternekoch Johann Lafer erkennen. Aufgeregt winkte Rita Ute hinauf. Diese folgte zögernd. „Da sitzt sie,

Doris", raunte Rita leise.

„Es ist nicht zu fassen", gab Ute zurück. Immer noch mit diesem weißen Wollrock bekleidet, saß dort tatsächlich Doris. Sie trug zudem eine blaue Strickjacke, hatte sich einen dicken grauen Schal um den Hals gelegt und vor ihr stand eine halb leere Flasche Grauburgunder.

„Was machen wir jetzt?", wollte Ute wissen.

„Na, was wohl", war Ritas Antwort, „wir greifen an!"

Rita drehte sich um und bedeutete den Freunden am Zaun, näher zu kommen. Leise schlichen diese nun ebenfalls durch den Garten. Rita klopfte energisch an die Terrassentür aus Glas und schrie aus Leibeskräften: „Aufmachen, sofort aufmachen, hier spricht die Polizei."

Hans-Hugo blieb vor Schreck vor der Treppe stehen. Schnell wählte er auf seinem Handy die eingespeicherte Nummer von Kriminaloberkommissar Franck. Diese hatte er für Notfälle bekommen und hier würde sich gleich einer ereignen, da war er sich sicher. Derweil war Doris erschrocken von der Coach gesprungen und hatte ängstlich zur Tür geblickt. Als sie Rita und Ute erkannte, entspannte sich ihr Gesicht und sie kam lächelnd in Richtung Terrassentür, die sie sorgsam aufschloss.

„Na, die hat Nerven", fauchte Rita, „sie scheint sich auch noch über unseren Besuch zu freuen."

„Ach, wie schön, dass ihr mich besuchen kommt", sagte Doris dann auch, als sie die Tür geöffnet hatte. In ihrer Stimme lag tatsächlich Freude. Ute bemerkte, dass Doris schlecht aussah. Dicke Falten lagen um ihre Augen und es schien, als ob sie geweint hatte. Außerdem war ihre Aussprache ein wenig schleppend. Rita stürmte an Doris vorbei und sah sich um. Eine kleine Küche, die nur durch einen Tresen abgegrenzt war, teilte das Wohnzimmer. Rita drang, ohne zu fragen, weiter in die Wohnung vor. Sie entdeckte einen kleinen Flur, von dem ein Schlaf- und ein Badezimmer abgingen. Nirgendwo waren Gemälde zu sehen. Inzwischen hatten auch die anderen das Appartement erreicht. Rita kehrte in das Wohnzimmer zurück und schrie: „Du bist hiermit vorläufig festgenommen. Wo sind die Bilder und wo ist das Geld versteckt?"

Doris schaute sie ungläubig an. Plötzlich klingelte es. Doris erstarrte.

„Das wird die Polizei sein", sagte Hans-Hugo.

Rita lächelte ihm zu. Auf den Mann war Verlass. Da Doris keine Anstalten machte, sich zu bewegen, riss Rita schließlich die Wohnungstür auf. Davor stand der Mann, den sie vorhin am Gartentor getroffen hatten. „Sie schon wieder", rief dieser aus, „also suchen Sie hier doch etwas."

„Das kann ich so zurückgeben, sie spionieren uns nach", war Ritas Antwort. Doris näherte sich der Haustür.

Sie war zwar ein wenig wackelig auf den Beinen, hatte die Situation aber wieder im Griff: „Herr Balsam, ich habe nur Besuch von Freunden, es ist alles in Ordnung."

„Warum schreien die hier so rum?", wollte der Mann wissen.

„Die reine Wiedersehensfreude", heuchelte Doris. An die anderen gewandt erklärte sie: „Herr Balsam war so freundlich, mir diese Ferienwohnung zu vermieten."

„Die ist auch total schön", versuchte Rosi abzulenken.

„Und dieser Blick auf die Ostsee", schwärmte Ute, obwohl es längst dunkel und das Meer nur zu erahnen war.

Genau in diesem Moment fuhren zwei Streifenwagen der Polizei mit Blaulicht und Martinshorn vor dem Haus vor. Sie stürmten bewaffnet den Hausflur, zum selben Zeitpunkt erschienen weitere Polizisten auf der Veranda. Herr Balsam blickte sich um und meinte zu Doris: „Für morgen früh setze ich Sie auf Abreise, wir sind hier ein ehrenwertes und ruhiges Haus." Rita schob Herrn Balsam aus der Wohnung und winkte den Polizisten

„Das machen Sie mal, aber behindern Sie jetzt bitte nicht unsere Ermittlungen."

Der Mann sah sie nochmals genau an und kam dann zu dem Schluss: „Ich kenne Sie doch? Natürlich kenne ich Sie! Sie waren in der Zeitung neulich und haben den Abriss von Inges Kneipe auf dem Priwall verhindert. Und nun machen Sie hier Randale, es ist ja nicht zu glauben. Sie kommen aus Wülferode. Ist es Ihnen da zu langweilig, dass sie hier in unserem beschaulichen Travemünde Terror machen müssen?"

„Auf Wiedersehen, Herr Balsam", griff Ute ein, winkte die Polizei durch und schloss die Wohnungstür. Herr Balsam dachte jedoch gar nicht daran, in seine Wohnung im obersten Stockwerk mit dem Fahrstuhl zu fahren. Er blieb im Hausflur stehen und lauschte an der Wohnungstür. Er war zwar nicht der Hausmeister, aber er fühlte sich für diese Immobilie verantwortlich, in der er schon über zwanzig Jahre lang lebte und in der es bisher immer ruhig und beschaulich zugegangen war. Er konnte sich nicht erinnern, dass die Polizei jemals zuvor dieses Haus betreten hatte. Doris schleppte sich entkräftet auf ihre Couch zurück und sackte darauf bewusstlos zusammen. Die Aufregung war einfach zu viel für sie gewesen. Oberkriminalkommissar Franck, der gerade durch die Terrassentür kam, verständigte einen Rettungswagen.

Zwei Stunden später saßen die Freunde zusammen in Kallis und Utes Wohnzimmer in dem kleinen Siedlungshaus auf dem Priwall. Nach den Ereignissen der letzten Stunden wollten sie sich einfach noch nicht trennen, zumal am nächsten Tag die Abreise von Rita und Rosi bevorstand. Ute schmierte kurzerhand für alle einfache Wurstbrote, aber eigentlich hatte niemand mehr Hunger nach den Fischbrötchen. Kalli bat Hans-Hugo, seine letzten Weinreserven aus dem Keller zu holen. Rita hatte sich auf die letzte Flasche Cognac gestürzt und leerte ihr Glas in einem Zug. „Ich begreife es immer noch nicht", sagte sie ein ums andere Mal.

„Das ist auch schwer", meinte Hans-Hugo und setzte sich zu ihr auf das Sofa. „Gibst du mir was ab?", bat er. Sie lächelte ihn an und gab ihm ein Küsschen auf die Wange. Rosi war beschäftigt, den Tisch einzudecken. Nachdenklich schenkte Hans-Hugo nach und trank einen kleinen Schluck aus Ritas Glas.

„Nun", meinte Josef und hielt Rita ebenfalls sein

leeres Glas hin, „der Fall ist geklärt, Doris ist weder eine Heiratsschwindlerin, noch eine Diebin. Sie ist eine tief verletzte Frau, die am Tag ihrer Eheschließung sinnbildlich vor dem Altar stehen gelassen wurde. Das habe ich zu meiner aktiven Pastorenzeit zweimal miterleben müssen. Das ist einfach schrecklich, besonders für die Seele."

„Theo kriegt das mit ihr wieder hin", meinte Hans-Hugo ein wenig zu überzeugend.

Er hatte seinen Freund sofort angerufen, als Doris mit dem Rettungswagen Richtung Krankenhaus abtransportiert worden war und Theo wollte sich sofort auf den Weg ins Krankenhaus machen. Hans-Hugo hatte von dem Rettungssanitäter erfahren, dass Doris in das Krankenhaus Ost nach Lübeck gebracht werden sollte. Ute kam mit einer großen beladenen Platte, auf der zahlreiche belegte Schwarzbrotschnitten lagen, ins Wohnzimmer. Die Freunde stürzten sich nun doch hungrig auf die Brote.

„Nervennahrung ist immer gut", meinte Ute.

„Jedenfalls hat die Polizei in Doris angemieteter Wohnung weder Bilder, noch Bargeld gefunden. Sie war also wirklich nicht der Dieb."

„Wenn ich euch morgen zur Bahn gebracht habe, dann fahre ich gleich weiter nach Lübeck ins Krankenhaus zu Doris", sagte Hans-Hugo. Wie schwer ihm dieser Gang ausgerechnet dorthin fallen würde, wusste niemand. Es war der Ort an dem Gerlinde verstorben war. Hans-Hugo dachte darüber nach, ob sich hier erneut ein Kreis für ihn persönlich schloss. Eigentlich hatte er sich geschworen, diesen Ort niemals wieder aufzusuchen.

„Ich komme mit ins Krankenhaus", versuchte Josef zu helfen.

Hans-Hugo blickte ihn an und als er in Josefs Augen sah, erkannte er Freundschaft, aber auch Mitgefühl. Hatte er dem Freund jemals davon erzählt? Nein, da war er sich sicher, aber vielleicht spürte Josef einfach seine Gefühle. Nicht nur Rita war er in der letzten Zeit sehr nahegekommen, auch die Freundschaftsbande zu Josef hatten sich vertieft.

„Das macht mal und wir kommen alle mit zum Bahnhof zum Abschied", fand Ute.

„Natürlich, das ist ja Ehrensache", schmatzte Kalli.

„Hans-Hugo, informiere uns bloß morgen Abend, wenn wir wieder in Wülferode sind, wie das hier weitergegangen ist", sagte Rita. Hans-Hugo versprach es und freute sich, einen Grund zu haben, Rita anrufen zu können. Rosi und Josef tauschten quer durch den Raum hinweg intensive Blicke aus. Rosi schüttelte leicht mit dem Kopf. Jetzt war nicht der Zeitpunkt für ihre persönliche Lage. Zu viel war noch offen. Sie würden mit dem Geständnis ihrer Liebe warten. Josef nickte und lächelte. Das Treffen mit Rosi und ihm war schon für nächstes Wochenende vereinbart, er würde nicht lange ohne sie sein. „Ich mag überhaupt nicht abreisen, solange der Fall nicht geklärt ist", jammerte Rita, „aber es geht nicht anders, denn unsere Fahrkarten für den Zug tragen nach der Umbuchung die Daten von morgen."

„Ha", machte Ute wie aus heiterem Himmel, „ich weiß

was!" Alle sahen die Landfrau interessiert an. Ute sprang auf. „Was sind wir blöd", meinte sie und klatschte sich gegen die Stirn.

„Wieso?", hakte Rosi nach.

„Frank", gab Ute bekannt.

„Was hat der Kommissar damit zu tun?", wollte Josef wissen.

„Nicht der Kommissar, ich meine den Sohn von Theo", warf Ute ein. „Der hat, nachdem Rita die Villa verlassen hatte, die Bilder versteckt und das Bargeld entwendet, um seiner zukünftigen Schwiegermutter die Sache in die Schuhe zu schieben." Nun war auch Rita auf dem Plan und sprang auf. „Na klar, der hat einen Schlüssel zur Villa Wellengeflüster. Er war die ganze Zeit nach Doris Auszug dort alleine. Zeit hatte er genug."

„Also, ich weiß nicht" meinte Hans-Hugo und rutschte unsicher auf dem Sofa hin und her.

„Ich aber", sagte Rita, „Ute hat recht. Hans, du musst dieser Spur morgen unbedingt nach dem Besuch im Krankenhaus nachgehen."

„Was hätte er für ein Motiv?", überlegte Josef laut.

„Habgier", rief nun ausgerechnet Kalli. Umständlich stand er auf und stolzierte, gestützt auf seinem Stock, im Zimmer herum. „Stellt euch vor, Theo hätte Doris Silvester geheiratet. Er ist älter als sie, also würde in seinem Todesfall zunächst Doris erben und Frank müsste warten oder sich zunächst mit einem Pflichtteil begnügen." Überrascht sahen ihn alle an. Er fuhr weiter fort: „Die Ausgangslage, die neue Mutter auf diese Art und Weise loszuwerden, war denkbar günstig. Wäre

Theo nicht wieder aufgetaucht, hätte auch niemand die Gemälde und das Geld vermisst. Hätte Frank alles zurückgetan und damit wäre es gut gewesen."

„Stimmt", schrie Rita, „Kalli, du bist ein Genie."

„Dat heff ik al jümmer wüsst", feixte Kalli.

„Wir sind schon eine coole Ermittlertruppe", fand Rosi.

„Also, so was", sagte Hans-Hugo kopfschüttelnd, „meine Tochter würde niemals solche Intrigen spinnen, wenn ich mich wieder zu einer Hochzeit entschließen würde. Man macht doch außerdem einen Ehevertrag, wenn man so spät noch heiratet."

„Einen Ehevertrag?", fragte Rosi nach, „das finde ich aber unromantisch."

„Ach, du würdest nochmal heiraten?", hakte Rita sofort interessiert bei Hans-Hugo nach. Hans-Hugo wurde bewusst, was er gerade gesagt hatte.

Er schluckte und meinte: „Wieso nicht? Ich bin doch noch jung", und grinste Rita verlegen von der Seite an.

Die Landfrau nahm seine Hand und meinte: „Gut, du musst morgen früh unbedingt bei Kommissar Franck eine Hausdurchsuchung von Franks Wohnung hinter der Villa Wellengeflüster durchsetzen." Hans-Hugo nickte.

„Bekommst du das ohne mich hin?", wollte Rita wissen.

„Natürlich, muss ich ja", meinte Hans-Hugo. Rosi sah aus dem Fenster und stand auf.

„Leute, es schneit schon wieder", rief sie aufgeregt und beobachtete, wie die Schneeflocken leise auf den

Rasen rieselten. In nur wenigen Momenten war von dem ursprünglichen Grün im Garten nichts mehr zu sehen. Hans-Hugo trat zu ihr an das Fenster und blickte auch hinaus. Du wohnst in den Wolken, dein Weg ist so weit, dachte er und auch daran, dass er vermutlich nie wieder bei Schnee auf dem Friedhof Gerlindes Grabstein abputzen würde. Er war im Hier und Jetzt angekommen. Als er sich umdrehte, sah Josef ihn aufmunternd an. Hans-Hugo lächelte ihm zu.

„Nun setzt euch mal wieder", kommandierte Rita.

„Kalli, schenk noch eine Runde ein, das wird unser Scheidebecher, denn wir müssen noch die Koffer packen."

„Cognac oder Wein?", wollte Kalli wissen.

„Beides", kreischten die Landfrauen im Chor.

Möwengeflüster

Kraki und Mecki waren in der Nacht vom Schnee überrascht worden. Obwohl sie ihre Gefieder dick aufgeplustert hatten, war es ihnen auf dem Mast der Lotsenstation zu kalt geworden. Sie fanden gegen 3 Uhr morgens Schutz vor dem Schnee unter der Brücke, die den kleinen See im Godewind-Park überspannte. Dieser lag genau vor der Villa Wellengeflüster. Irgendwann waren sie dann doch eingeschlafen und am Vormittag durch Motorengeräusche geweckt worden. „Da sind ja wieder diese Frauen", freute sich Mecki und machte Anstalten, näher an sie heran zu fliegen, doch Kraki hatte sie zurückgehalten. Die Neugierde seiner Möwenfrau nervte ihn manchmal bis aufs Gefieder.

„Sie machen einen Besuch, Schatz, nichts Besonderes", hatte er gesagt und gehofft, dass sie nachgab. Doch das war nicht der Fall gewesen. Den ganzen Tag kreiste sie dem Grüppchen hinterher, das über die Promenade eilte und immer wieder Passanten ansprach. Kraki war genervt gewesen. Er sah keinen Sinn in dieser Verfolgung und außerdem war es ihm generell egal, was Menschen taten. Sie hatten ihr eigenes Vogelleben, warum sollte er sich mit Problemen belasten, die eine Möwe nichts angingen. Momentan saßen sie wieder auf ihrem Lieblingsmast auf der Passat auf dem Priwall. Kraki hätte gern geschlafen, doch Mecki regte sich immer noch auf, dass eine der Frauen ihr das Mundwerk verboten hatte. So etwas hatte sie noch nie erlebt. Plötzlich waren dann unzählig viele Polizeifahrzeuge gekommen und schließlich sogar ein Rettungswagen. Eine Frau wurde damit abtransportiert, aber es war keine aus der ihr bekannten Clique.

„Dass du dich so gar nicht für das Geschehen in Travemünde interessierst, ist traurig", fand Mecki. Kraki schwieg schon eine ganze Weile.

„Doch, das tue ich", gähnte er müde, „aber für die wirklich wichtigen Dinge."

„Und welche sind das?", wollte Mecki wissen.

„Nun", meinte Kraki, „zum Beispiel, ob das umstrittene Projekt Priwall Waterkant neue Fischgeschäfte mit sich bringen wird oder was sich ändern könnte, wenn unser Fischereihafen eines Tages ebenfalls umgebaut wird." Mecki rümpfte den Schnabel. Es war ihr deutlich anzusehen, dass diese politisch getriebenen Themen, die zwar ihrer Grundversorgung dienten, ihr nicht ausreichten. Sie wollte eindeutig mehr am Gesellschaftsleben teilnehmen. Beleidigt legte sie ihren Schnabel ins Gefieder und schloss die Augen. Nach nur wenigen Augenblicken war sie eingeschlafen.

Kraki betrachtete sie liebevoll und legte einen Flügel zum Schutz gegen die Kälte um sie. Sie würde immer meckern, dass war ihm klar, doch im Grunde seines Herzens liebte er sie so, wie sie war. Er würde das jedoch nie und schon gar nicht ihr gegenüber offen zugeben.

Alle Jahre wieder ...

Notgedrungen packten Rita und Rosi am nächsten Morgen ihre Sachen im Ferienhaus auf dem Priwall zusammen. Obwohl sie gar nicht so lange an der Ostsee gewesen waren, kam es ihnen wie ein halbes Leben vor. Zum Jahresausklang hatten sie viele spannende Sachen erlebt. Erst die schönen Weihnachtstage im Meeritim, dann das unerwartete Wiedersehen mit ihrer ehemaligen Freundin Doris, das Verschwinden des Beraters der Priwall Waterkant, die Rettung von Inges Bootsdeck und schließlich entpuppte sich Theos Sohn Frank vermutlich als der wahre Dieb der wertvollen Gemälde. So viel erlebten andere Menschen im ganzen Leben nicht. Während Rita und Rosi ihre Koffer bestückten, schwiegen sie ausnahmsweise. Jede der Frauen hing ihren eigenen Gedanken nach. Rita bewertete den Besuch in Travemünde als überaus positiv, was sie und Hans-Hugo betraf. Sie hatten sich deutlich angenähert, sich auf den Mund geküsst und er hatte sie mehrfach umarmt. Auch wenn es nicht zwischen ihnen zu einer konkreten Aussprache ihrer Gefühle gekommen war, der Anfang war gemacht. Sie war sich darüber klar, dass die Aussprache der nächste Schritt sein würde. Doch der müsste von ihm kommen, denn er war schließlich der Mann. So emanzipiert die Landfrau auch wirkte, in solchen Dingen wahrte sie gern die Form. So war sie erzogen worden, und diese Verhaltensweise entsprach ihrer Generation. Am 1. Mai war das große Wiedersehen der Weltreisenden auf Sylt geplant, zu dem natürlich auch Hans-Hugo, Josef und Kalli mit von der Partie sein würden. Dort fand sich bestimmt eine gute Gelegenheit für Hans-Hugo, ihr endlich seine Gefühle für sie zu gestehen. Irgendwie erwartete die Landfrau das nun auch. Sylt war so romantisch und das Haus Erwin sowieso, das musste einfach klappen. Rita war für seine Liebe bereit, das spürte sie deutlich. Lächelnd dachte sie an gestern, als Hans-Hugo verkündet hatte, dass seine Tochter sich einer erneuten Hochzeit von ihm nicht in den Weg stellen würde. Vielleicht steht er sich selbst nun auch nicht mehr im Weg für eine neue Beziehung, dachte Rita, es muss ja nicht gleich geheiratet werden. Das sollte man ohnehin lieber den jungen Leuten überlassen, fand sie. Während Rita über eine mögliche Zukunft mit Hans-Hugo nachdachte, waren Rosis Gedanken bei Josef. In ihrem Bauch kribbelte es vor Freude, wenn sie daran dachte, dass er schon in wenigen Tagen zu einem ersten langen gemeinsamen Wochenende nach Wülferode kommen würde. Wie es wohl war, nach Jahren wieder neben einem Mann aufzuwachen? Bestimmt sehr schön, denn es war ja Josef, ihr Josef. Rosi war ein wenig betrübt, dass sie die Freunde bislang nicht an der großen Neuigkeit teilhaben lassen konnten. Die Bekanntgabe musste warten, denn die Gelegenheit hatte sich aufgrund der ganzen aufregenden Vorfälle der letzten Tage nicht ergeben. Ob wir es ihnen erst im Mai auf Sylt sagen? überlegte die Landfrau. Das war doch noch sehr lange hin. Ina wusste ohnehin Bescheid und Rita irgendwie auch. Nur Ute tappte im Dunkeln, oder doch nicht? Rosi beschloss, diese Angelegenheit unbedingt mit Josef am nächsten Wochenende zu besprechen. Vielleicht gab es schon vorher eine Möglichkeit, ihre Beziehung offiziell zu verkünden. Mit Schwung schloss sie ihren Koffer und blickte sich um. Rita sortierte noch Kleidung. Rosi nahm sich einen Putzeimer und rief zu Rita: „Ich feudel schnell durch."

„Spinnst du? Wozu bezahlt Hans-Hugo denn die Endreinigung?" Rita zeigte Rosi einen Vogel und schüttelte mit dem Kopf.

„Na, meine Taschen sind gepackt und ich kann doch der Reinigungsgesellschaft ein wenig zur Hand gehen", meinte Rosi.

„Dann mach, was du meinst", seufzte Rita theatralisch.

„Hast du was?", fragte Rosi und näherte sich der Freundin.

„Quatsch", fauchte Rita und versuchte sich unauffällig eine Träne aus dem Auge zu wischen.

„Weinst du etwa?", wollte Rosi wissen, und ihre Stimme klang besorgt. „Ich bin auch traurig, dass wir heute abreisen."

„Ich bin nicht traurig, sondern genervt, weil ich den Koffer nicht zubekomme, dabei habe ich doch gar nicht so viel eingekauft", war Ritas Antwort. Rosi glaubte ihr nicht. Dafür kannte sie die Freundin mittlerweile zu gut. Jedoch warf sie sich wortlos auf den Koffer, sodass er von ihrem Körpergewicht zusammengedrückt wurde und Rita ihn mühelos schließen konnte. Ritas Tränen hatten zwei Gründe. Zum einen, weil sie heute Travemünde verlassen musste. Zum anderen hatte sie gerade gedacht, dass genau heute vor einem Jahr ihre Reise um die Welt begonnen hatte. Die Vorstellung, heute Abend wieder einsam und allein in ihrem Wohnzimmer zu sitzen, hatte sie betrübt. Doch das wollte sie Rosi gegenüber nicht zugeben. Während sie den Reißverschluss des Koffers Stück für Stück weiter zuzog, beschloss sie, Ina am Abend zu sich zu bestellen. Das würde sie aufheitern, und schließlich wusste Ina noch nichts von den Geschehnissen der letzten Tage. Basti würde sicher auf Filippa aufpassen. Das war ein guter Plan! Langsam freundeten sich die Landfrau mit dem Gedanken ihrer Abreise an. Alle Jahre wieder, dachte sie, geht es im Januar zurück nach Wülferode. Aber dieses Mal begann keine Weltreise. Das war anders als damals der Jahresausklang auf Sylt, wo sie voller Euphorie in ihre Heimatstadt zurückgekehrt war. Dieses Mal wartete nur die Einsamkeit auf sie und vor allem keine große Reise. Doch mit Ina als Abendgast würde ihre Melancholie verfliegen, da war sie sich ganz sicher. Bestimmt würden sie ein Glas Sekt zusammen trinken und sich Ritas Album von der Weltreise anschauen. In den letzten Monaten hatte sie es akribisch erstellt und wusste, dass Ina noch gar nicht alle Fotos kannte.

Der Kleinbus des Seniorenheims, den Hans-Hugo erneut ausgeliehen hatte, hielt ein letztes Mal vor dem Ferienhaus auf dem Priwall. Hans-Hugo, äußerst sportlich für sein Alter, sprang aus dem Auto und hämmerte geräuschvoll mit der Faust an die Tür. Josef folgte ihm auf dem Fuß. Rita blickte auf ihre Armbanduhr. Es war gerade mal 11 Uhr, ihr Zug sollte aber erst um 13 Uhr 05 vom Strandbahnhof gehen. Schwungvoll öffnete sie die Tür und rief: „Ihr seid aber früh dran." Sie erblickte Ute und Kalli, die auch schon im Wagen saßen.

Hans-Hugo küsste Rita sanft erst auf die linke, dann auf die rechte Wange und meinte: „Ja, wir haben noch was vor." Rita strahlte und in ihrer Freude bemerkte sie gar nicht das zarte Küsschen auf den Mund, das Josef und Rosi im Haus tauschten. Hans-Hugo jedoch sah es und beschloss, später mit seinem Freund darüber zu sprechen. Die Männer schleppten ächzend die Koffer der Frauen zum Auto. Hans-Hugo startete den Motor.

„Ihr habt ja mehr Gepäck als bei der Anreise", staunte er.

Rita zuckte hilflos mit den Schultern und meinte: „Ja, ich verstehe das auch nicht."

„Wo fahren wir denn hin?", wollte Rita wissen, die selbstverständlich auf dem Beifahrersitz Platz genommen hatte.

„Überraschung", meinte Hans-Hugo und zwinkerte der Landfrau zu. Kurze Zeit später hielt er vor dem Bootsdeck. Alle stiegen aus und als sie die Kneipe betraten, staunten Rita und Rosi. Das Bootsdeck war mit unzähligen bunten Luftballons und Girlanden geschmückt. Mitten in der Dekoration stand Wirtin Inge. Als sie die Truppe sah, klatschte sie in die Hände und rief: „Da seid ihr ja! Ich möchte mich für eure Hilfe bedanken und habe einen kleinen Abschiedsimbiss vorbereitet. Außerdem gehen alle Getränke heute aufs Haus."

„Juhu", rief Kalli. Die Landfrauen waren sichtlich gerührt und drückten Inge lange und fest.

Auch Ute herzte Inge und meinte zu ihr: „Ich war anfangs immer ein wenig eifersüchtig auf dich, aber jetzt sind wir Freundinnen, ja? Meine Mädels wohnen so weit weg. Und ich vermisse sie oft. Da können wir uns abends mal treffen und klönen."

„Gern", meinte Inge, „eine Freundin wie dich zu haben, ist prima. Keine Sorge, deinen Kalli wollte ich mit 20 schon nicht haben." Sie begann zu lachen.

„Wieso eigentlich nicht?", wollte Kalli wissen.

Inge schlug ihm gut gelaunt auf die Schulter und meinte: „Irgendwie habe ich in dir immer mehr einen Bruder als einen möglichen Partner gesehen."

Kalli seufzte theatralisch und sagte an Ute gewandt: „Sühst du, so güng mi dat, ehr ik di drapen heff."

„Ja, ja", meinte Ute und grinste. „Auf Platt hört sich das fast ehrlich an." Dass Kalli früher vor seiner Heirat ein Hallodri gewesen war, konnte sie sich nur zu gut vorstellen, doch das war lange her und heute war eine andere Zeit. Damit schien das Thema abgehakt zu sein, denn Inge wollte wissen: „Es gibt Frikadellen und Kartoffelsalat. Alles selbst gemacht, das mögt ihr doch?"

„Klar", schrien die Landfrauen im Chor. Hans-Hugo zog seinen Pullover aus und krempelte sich die Arme seines Oberhemdes auf.

„Ich übernehme die Bar", verkündete er und trat hinter den Tresen. Dankbar sah Inge zu ihm hinüber. Dass er selbst mal Getränke im Bootsdeck ausschenken würde, hätte er sich vor diesem Jahresausklang nicht träumen lassen.

„Erstmal sieben Fischergeist", rief Kalli. Alle lachten. Gemeinsam stießen sie mit dem hochprozentigen Schnaps an.

„Auf euch", sagte Inge mit feierlicher Stimme, „und die Rettung meines Lebenstraums, dem Bootsdeck."

„Auf den Jahresausklang", rief Rita.

„Auf Travemünde", piepste Rosi.

Auch Hans-Hugo meldete sich zu Wort und sagte: „Rita und Rosi, hoffentlich kommt ihr recht bald wieder an die Ostsee." Dabei sah er nur Rita an. Diese trat auf ihn zu und gab ihm einen sanften Kuss direkt auf den Mund. Diese Offenheit der Landfrau überraschte alle.

„Worauf du dich verlassen kannst", antwortete sie und fand ihren Auftritt gelungen.

Hans-Hugo wurde ein wenig rot. Das stand ihm gut, fand Rita. Inge, die die Situation sofort erfasste und ein wenig ablenken wollte, rief: „Jetzt wird gegessen."

Um 12 Uhr 30 brachen die Freunde zum Travemünder Strandbahnhof auf. Rita und Rosi mussten Inge zuvor versprechen, unbedingt wieder zu kommen. Das taten sie gern. Inge winkte ihnen wild hinterher, bis der Bus um die Ecke gebogen war. Rita seufzte. „Hast du was?", fragte Hans-Hugo einfühlsam. Sie schüttelte mit dem Kopf.

Sanft streichelte er ihr über den Arm. Ein letztes Mal fuhren sie auf die kleine Priwallfähre. Außer ihnen waren nur zwei weitere Autos und ein paar Passanten an Bord. Rita blickte nachdenklich über das Wasser. Die Sonne hatte sich ihren Weg durch die Wolken gebahnt und ließ die Ostsee in wunderbaren türkisen und blauen Farben leuchten. Rita betrachtete die Häuserfront der typischen Travemünder Bauten auf der anderen Seite des Ufers und fand sie schöner als je zuvor.

„Sag mal, Rita, schläfst du?", fragte Kalli von hinten aus dem Bus.

Sie drehte sich zu ihm um. „Nee, wieso?"

„Ich kenne dich gar nicht so schweigsam", feixte er und kassierte dafür von Ute einen Stoß in seine Rippen. „Aua", schrie er gespielt auf.

„Kallis Bein tut wieder weh", log Ute, um seinen Aufschrei zu verharmlosen. Josef und Rosi prusteten los. Rita kehrte mit ihren Gedanken in die Gegenwart zurück und wandte sich Hans-Hugo zu.

„Ihr fahrt uns jetzt zum Bahnhof und danach weiter zur Villa Wellengeflüster, ja? Da knöpft ihr euch diesen Frank vor", kommandierte sie.

„Genau, Oberkommissar Franck ist für halb zwei

bestellt", beruhigte Hans-Hugo die Landfrau.

„Schade, dass wir nicht dabei sein können", meinte ausgerechnet Rosi, die sonst in brenzligen Situationen immer ängstlich war.

„Wir schaffen das schon", versicherte Josef und drückte fest Rosis Hand.

Inzwischen hatte die Fähre das andere Ufer erreicht. Vorbei am alten Fischereihafen ging die Fahrt in Richtung Kurgartenstraße. Sie passierten Josefs malerisches Haus. Rosi warf einen Blick auf die grüne Eingangstür und dachte an die wunderschönen Stunden, die sie dort am ersten Weihnachtstag verbracht hatten. Josef ahnte ihre Gedanken und sagte: „Ich soll euch auch alle noch von Hilde grüßen. Nach dem Tod ihres Mannes war es der erste schöne Weihnachtsfeiertag für sie." Rosi lief eine Träne die Wange hinunter, die Josef sanft mit dem Finger wegwischte. An der St. Lorentzkirche bog Hans-Hugo nach links ab und als Rita den Juwelier sah, rief sie aus: „Rosi, wir haben bei der ganzen Aufregung vergessen, diesen wunderbaren Travemünde-Ring zu kaufen!"

„Stimmt", war die Antwort der Freundin.

Hans-Hugo tauschte mit Josef einen Blick im Rückspiegel. Beide grinsten, denn sie hatten die Ringe längst für die Frauen gekauft. Als Überraschung würden Rita und Rosi diese zu Hause als kleines Postpaket in den nächsten Tagen erhalten. Die Freunde erreichten die Vorderreihe, die an dieser Ecke einen schönen Blick auf die Viermastbark Passat bot. Ihre Masten glitzerten golden in der Sonne und hoben sich von ihrem schwarzen Rumpf deutlich ab. Sie fuhren am Meeritim und am A'frosa-Hotel vorbei und bogen schließlich in die Bertlingsstraße ein. Ein roter Backsteinbau erhob sich vor ihnen. Die Freunde waren am Strandbahnhof angekommen. Rosi deutete auf eine digitale Anzeige, die rechts oben am Bahnhofsgebäude angebracht war. Direkt über der Uhr saßen zwei Möwen und es erschien zumindest Ute so, als ob die Vögel sie beobachten würden, denn ihre Schnäbel waren nach unten auf sie gerichtet. Rosi las die Uhrenanzeige vor: „Nächster Zug nach Lübeck 13 Uhr 05. Guck mal, Rita, deine Möwenfreunde sind auch zum Abschied gekommen." Auch sie hatte die Vögel bemerkt.

„Scheiße, selbst die schreienden Möwen werde ich vermissen", kommentierte Rita.

Alle anderen fingen herzhaft an zu lachen. In diesem Moment erhoben sich die Möwen in die Luft und flogen erstaunlich dicht über den Kleinbus. Auf die Frontscheibe ließ einer der Vögel einen weißen, klebrigen Gruß tropfen.

„Scheiße, sag ich doch", lachte nun auch Rita.

„Wir sehen uns alle doch bald wieder und ein Möwengruß gilt als echter Glücksbringer an der Küste", meinte Hans-Hugo und nahm Rita in den Arm, nachdem er den Kleinbus in die letzte freie Parklücke manövriert hatte.

„Ja", freute sich Ute, „das große Wiedersehen auf Sylt, mit uns und allen anderen Weltreisenden von Tisch 10." Rosi klatschte vor Freude in die Hände. Das schien auch Rita auf andere Gedanken zu bringen.

Sie tippte sich an die Stirn und rief: „Himmel, Hans-Hugo, da müssen wir jetzt wirklich in die Detailplanung gehen, wie schaut es aktuell aus im Haus Erwin?"

„Da ist alles klar. Die letzten Renovierungsarbeiten werden im Frühjahr abgeschlossen. Der Podest aus Stein unter dem Vordach ist marode, den lasse ich noch erneuern und dann können eure Freunde kommen", antwortete er.

„Juhu", schrie Rita, „wir beide telefonieren aber deswegen noch ausführlich, oder?"

„Klar", war Hans-Hugos Antwort und in seiner Stimme klang echte Freude mit.

Die Freunde stiegen aus dem Kleinbus. Rita und Rosi verschwanden mit Ute in dem Kiosk im Strandbahnhof. Sie wollten sich mit Proviant für die Rückreise eindecken. Eine Fahrt mit der Bahn von knapp vier Stunden war ihnen ohne Marschverpflegung zu lange. Die Männer warteten auf die Frauen in der großen Eingangshalle des Strandbahnhofs. Kalli empfahl sich Richtung Toilette. „Das Bier", entschuldigte er sich. Hans-Hugo und Josef blieben allein zurück. Sie hatten keinen Blick für die schönen Jugendstilelemente, die das Innere des Bahnhofs zierten, der eigentlich nur eine Haltestelle war. Große halbrunde Stahlbögen stützen das Dach und in den Fenstern aus Glas waren kunstvolle bunte Bilder eingeschliffen. Hans-Hugo und Josef kannten dies alles schon seit ihrer Kindheit.

„Tja", sagte Hans-Hugo und vergrub seine Hände tief in den Hosentaschen. Fragend sah Josef ihn an. Zögernd begann sein Freund zu sprechen: „Alle Jahre wieder nach Silvester stehen wir am Bahnhof und verabschieden unsere, äh, Freundinnen. Ob das jetzt jedes Jahr so sein wird?"

Josef lachte und klopfte Hans-Hugo aufmunternd auf die Schultern: „Das liegt doch an uns. Zumindest gehen die Mädels dieses Mal nicht auf Weltreise."

„Ein Glück", stimmte ihm Hans-Hugo zu, „das würde ich, glaube ich, nicht nochmal durchstehen."

„Ich auch nicht", verriet ihm Josef. Mit Schrecken dachte er an die vier Monate, als er sich jeden Tag um die Frauen gesorgt hatte. Natürlich am meisten um Rosi. Er hüstelte ein wenig verlegen, als ihm bewusst wurde, was er gerade offen gestanden hatte. Neugierig blickte Hans-Hugo ihn an.

„Weißt du, eigentlich wollten wir euch schon längst etwas sagen, aber bei der Aufregung in den letzten Tagen fanden wir es nicht passend."

„Wir?", hakte Hans nach und tat ahnungslos.

„Ja", gab Josef zu. Sein Gesicht begann zu strahlen. „Es gibt ein Wir. Rosi und ich sind ein Paar." Hans-Hugo fand, dass sein Freund auf einen Schlag zehn Jahre jünger im Gesicht aussah. Er umarmte Josef fest und flüsterte: „Das ist schön, ich wünsche dir und Rosi nur das Beste." Josef lächelte glücklich

„Mit dir und Rita wird das auch noch, ich bin zuversichtlich. Du hast in den letzten Tagen große Fortschritte gemacht", lobte er den Freund.

Die Männer klopften sich gegenseitig auf die Schultern, als hinter ihnen eine laute Stimme erklang: „Was macht ihr denn da?"

Hans-Hugo drehte sich um und sah direkt in Ritas Augen. Hinter ihr standen Ute und Rosi, die die Männer ebenfalls neugierig fixierten. Josef fand zuerst die Sprache wieder: „Wir haben uns nur gegenseitig bestätigt, wie schön das Weihnachtsfest und der Jahreswechsel mit uns allen zusammen war", log er und versuchte, in die harmlose Pastorennummer zu wechseln. Hinter seinem Rücken kreuzte er schnell die Finger, um seine Notlüge vor dem Herrn im Himmel zu entschuldigen. Das hatte er schon als kleiner Junge gemacht und es hatte immer geholfen. Den Trick hatte ihm seine Cousine beigebracht.

„Von mir aus alle Jahre wieder", rief Rita, die Josef natürlich glaubte. Rosi ahnte etwas anderes und suchte Josefs Blick, doch dieser fixierte interessiert seine Schuhspitzen. Eine Verhaltensweise, die auch von ihr hätte kommen können, daher schmunzelte sie in sich hinein. Es war die Zeit des Abschieds gekommen. Inzwischen war auch Kalli von der Toilette im Bahnhof zurückgekehrt. Die Freunde hörten, dass ein Zug am Bahnsteig zum Halten kam. Der Bahnhof Travemünde-Strand war ein Kopfbahnhof.

„Wir müssen gehen", sagte Hans-Hugo und seine Stimme klang ein wenig belegt. Ganz Gentleman öffnete er die große alte Schwingtür, die zu den Gleisen führte. Der Zug aus Hamburg war auf Gleis 1 eingefahren. Nur wenig Reisende stiegen aus. Die Saison im Strandbad war eindeutig vorbei. Ritas Blick fiel auf das Nachbargleis, Gleis 2, was über und über mit hohem Gras bewuchert war.

„Wird das gar nicht mehr benutzt?", wollte sie von Hans-Hugo wissen. Dieser schüttelte den Kopf.

„Und auch seit Jahren leider nicht mehr gepflegt", ergänzte Josef.

„Wieso das denn nicht", schüttelte Rosi den Kopf. Im Geiste sah sie sich selbst hier Unkraut jäten, um danach in Josefs kleines Haus zurück zu kehren und Mittagessen zu kochen.

Kalli riss die Landfrau mit seinem Statement auf Platt aus ihren Tagträumen: „De Bahnhoff is verköfft un nu is dat en Saak twüschen de Stadt un den Egentümer. Siet Johren versteiht dat sowieso keeneen."

Hans-Hugo und Josef hatten Mühe, die zahlreichen Koffer der Landfrauen in dem kleinen Abteil zu verstauen. Schließlich war auch das geschafft. Es folgten unzählig viele Umarmungen auf dem Bahnsteig und bei jedem flossen Tränen. „Kinder, irgendwie finde ich, dass wir inzwischen zu alt sind für dieses immer wiederkehrende Abschiedstheater", heulte ausgerechnet Landfrau Rosi los.

„Richtig", bestätigte Hans-Hugo, „da muss etwas passieren." In dem Moment ertönte ein Pfiff. Eilig stiegen Rita und Rosi in den Zug ein. Sie winkten ihren Freunden auf dem Bahnsteig durch die Fensterfronten, bis diese nicht mehr zu sehen waren. Erschöpft ließen sich die zwei Landfrauen auf die gemütlichen Sessel des Regionalexpresses fallen. Sie tauschten einen langen Blick und sahen, wie traurig die jeweils andere war.

Rosi griff in die Einkaufstüte: „Mettbrötchen?", fragte sie ihre Freundin. Rita nickte. Ungefragt öffnete Rosi dazu auch zwei Flaschen Bier. Das war neben einer Zeitung die Ausbeute ihres Einkaufs in dem kleinen Kiosk im Bahnhof gewesen.

„Gibst du mir mal die Tageszeitung?", bat Rita dann auch gleich. Diesen sanften Tonfall kannte Rosi von ihrer Freundin gar nicht, aber er zeigte ihr deutlich, dass Rita unter dem Abschied litt. Wie gut hatte sie es dagegen. Schon am kommenden Wochenende würde sie Josef wiedersehen. Sie überlegte kurz, ob sie Rita davon erzählen sollte, beschloss aber, dies vorerst nicht zu tun. Sie wollte die Freundin nicht trauriger machen, als sie es ohnehin schon war. Schnell reichte sie Rita die Zeitung herüber. Rosi kramte wieder in der Tüte, um zu schauen, was Rita noch im Kiosk eingepackt hatte. Glucksend zog sie die regionale Zeitung „Möwenpost" hervor. Diese Zeitung erschien einmal im Monat im Ostseebad. Sie berichtete informativ über vergangene Ereignisse aus Politik, Wirtschaft und Tourismus und gab zahlreiche Veranstaltungstipps für den laufenden Monat. Rosi fragte Rita: „Die hast du mitgenommen, wo dir das Möwengeschrei immer so auf die Nerven ging?"

„Ich vermisse diese Möwen jetzt schon", gestand Rita, „und außerdem muss ich doch wissen, was in Travemünde gerade so angeboten wird." Rosi grinste. Klar, in Wülferode sitzend musste Rita unbedingt darüber informiert sein, was in Travemünde gerade lief. Hungrig bissen die Landfrauen in ihre Brötchen und nahmen einen großen Schluck aus ihren Bierflaschen. Die Mettbrötchen waren mit kleinen Zwiebelstücken garniert, die ihnen immer wieder vom Brötchen auf den Boden fielen, aber daran störte sich Landfrau Rita nicht. Im Gegenteil! Sie kickte die Zwiebelreste mit ihrem Schuh gekonnt unter die Nachbarsitze, während Rosi, ordentlich wie sie war, die Stücke vom Boden aufsammelte und in den Mülleimer warf. Eine Weile kauten die Freundinnen zufrieden vor sich hin. Als Rita die Seite fünf der Lübecker Nachrichten aufschlug, verschlug es ihr zunächst die Sprache. Sie sah ein Foto vom 2. Januar, das das Bootsdeck auf dem Priwall zeigte. Davor standen mit entschlossen Mienen und den großen Schiffsglocken sie selbst. Dahinter konnte sie deutlich Hans-Hugo, Josef und Kalli mit den Transparenten entdecken. Aufgeregt wedelte sie mit der Zeitung vor Rosis Nase herum. „Wir sind in der Zeitung", grölte sie. Rosi war aufgeregt, rutschte auf ihrem Sitz hin und her und bat Rita vorzulesen. Das übernahm Rita nur zu gern:

Bootsdeck auf dem Priwall gerettet – Investor willigt ein!

Lübeck-Travemünde, 06. Januar. *Ein nachträgliches Weihnachtsgeschenk bekam Wirtin Inge in diesen Tagen von dem Investor der Priwall Waterkant. Die langjährige Traditionskneipe Bootsdeck auf dem Priwall, die ursprünglich den Neubauten der Priwall Waterkant weichen sollte, bleibt und wird in die bestehenden Umbaupläne integriert. Aufsehen erregte am 2. Januar dieses Jahres eine unerwartete Demonstration von drei Landfrauen aus Hannover-Wülferode und drei Travemünder Bürgern, die sich lautstark mit*

Transparenten für die Kneipe einsetzten, die schon über 50 Jahre auf dem Priwall zu finden ist und viele treue Stammkunden hat. Auf Nachfrage beim Investor gab dieser zu, dass ihn schließlich sein Berater dazu bewogen hatte, die Kneipe stehen zu lassen. Man würde nun das Bootsdeck als ursprünglichen historischen Teil der Waterkant lassen. Die Kneipe existierte schon, als noch die deutsch-deutsche Grenze den Priwall durchquerte. Es ist angedacht, dort auch Fotografien aus dieser Zeit auszustellen. „Das Bootsdeck wird zu einer geschichtlichen Begegnungsstätte", freute sich der Investor.

Rita ließ die Zeitung sinken und meinte: „Theo ist der Größe."

„Ja", freute sich Rosi, „was für schöne Nachrichten, das Bootsdeck bleibt!"

„Theo, der Priwall verkörpert auch deine Jugend", rief Rita ausgelassen ihren damaligen Schlachtruf durch das Abteil. Sie klatschten sich gegenseitig in die Hände und vermissten dabei Ute. Sechs Hände fühlten sich anders an als vier.

„Tolle Idee, alte Fotografien aus der Zeit der Teilung dort aufzuhängen", fand Rosi.

Rita nickte. „Worüber denkst du nach?", wollte Rosi wissen, die den Blick ihrer Freundin auffing. Mit den Jahren hatte sie gelernt, Ritas Mimik wie ein Buch zu lesen.

„Ob Theo und Doris miteinander glücklich werden?", überlegte Rita laut.

„Gönnst du es ihnen und speziell Doris denn?"

„Ja", antwortete Rita, „das tue ich." Rosi drückte sanft Ritas Hand.

„Das wird schon werden", meinte sie, „ganz sicher, wie so Vieles noch werden wird."

Rita lächelte. Am Haltepunkt Lübeck-Travemünde Skandinavienkai sahen sie aus dem Fenster und bestaunten die großen im Hafen liegenden Fähren. Einer der großen Pötte wendete gerade und stand quer auf der Trave.

„Heute vor einem Jahr begann unsere Weltreise", schwärmte Rita und in ihrer Stimme lag wie immer Sehnsucht, wenn sie über diese Zeit sprach.

„Ja", sagte Rosi, „es war ein großes Abenteuer, aber ich habe das Gefühl, uns erwarten in der Zukunft auch noch aufregende Zeiten. Nur eben an Land."

„Richtig", befand Rita, „und vielleicht gehen wir ja irgendwann sogar mal alle sechs gemeinsam auf eine Kreuzfahrt."

„Na", freute sich Rosi über Ritas Optimismus, „erstmal geht es im Mai nach Sylt."

Sie hob ihre Bierflasche und stieß mit Rita an. Das dumpfe Klirren durchdrang das komplette Abteil.

„Genau", rief Rita, „nach der Welt kommt Sylt."

Möwengeflüster

„Das hätte ja nun nicht sein müssen", krakeelte Kraki seiner Möwenfrau zu, nachdem sie den Kleinbus des Seniorenheimes überflogen hatten.

„Was meinst du denn?", tat sie arglos und schnatterte betont leise vor sich hin. Im Flug drehte er sich zu ihr um. Inzwischen kannte er sie genug, wenn sie wollte, konnte sie unbeteiligt tun. Doch er war mittlerweile so lange mit ihr zusammen, dass er auf diese Tricks nicht mehr hereinfiel. In ihrer gemeinsamen Jugend war das anders gewesen. Wie oft war er ihr auf den Leim gegangen, wenn sie diese Ich-war-das-nicht-Masche abgezogen hatte.

„Deinen Abschiedsgruß auf dem Bus meine ich und das weißt du auch ganz genau", knurrte Kraki und man hörte deutlich den Ärger in seiner Stimme.

„Ach so", piepste Mecki, um dann deutlich lauter klar zu stellen: „Na, es war ein Abschiedsgruß, du weißt doch, Möwengrüße bringen Glück."

„Hans-Hugo wird begeistert sein, wenn er den Bus vor Rückgabe noch durch die Waschanlage fahren darf, bei der Granate, die du da losgelassen hast."

„Das halbe Krabbenbrötchen heute Vormittag vor der Gaststätte Fuxmanns war schuld", gestand Mecki kleinlaut.

Die Gaststube lag ganz am Ende der Kaiserallee, dort wo auch die Standpromenade endete. Normalerweise flog das Möwenpaar selten dorthin. Es war ein Restaurant, das draußen mit Selbstbedienung arbeitete, nur im Inneren wurde das Essen an den Tischen serviert. Dementsprechend war dort auch nur selten mit einer guten Fischausbeute zu rechnen. Doch Kraki und Mecki, die heute Morgen einen Ausflug über das Brodtner Steilufer gemacht hatten, sahen auf dem Rückflug zufällig, wie ein Tourist sein komplettes Krabbenbrötchen direkt vor dem Lokal fallen ließ. Er war dabei die Straße zu überqueren und hatte nicht auf den großen Linienbus geachtet, der ihn laut hupend daran erinnerte, dass er sich auf einer Straße befand. Es war ein wahres Festessen gewesen. Da Kraki beharrlich schwieg, nahm Mecki wieder das Gespräch auf: „So schlimm war es nun auch nicht und außerdem können meine neuen Freunde Glück gebrauchen. Hans-Hugo, dass er Frank überführt. Rita, dass sie bald mit Hans-Hugo eine richtige Beziehung hat, Rosi und Josef ...!" Weiter kam die Möwenfrau nicht.

„Deine neuen Freunde?", unterbrach Kraki unsanft ihre Worte. Er schüttelte mit dem Kopf. Dass seine Frau auch immer so neugierig sein musste! Ständig steckte sie ihren Schnabel in Dinge, die sie im Grunde nichts angingen. Touristen nun neuerdings als Freunde zu bezeichnen, war allerdings eine Liga höher, als er es von ihr bisher gewohnt war.

„Ja", bestätigte Mecki, „die sind doch viel unterhaltsamer als die sonstigen Touristen hier. Also ich finde, die sind ganz großes Kino. Endlich war mal was los zum Jahresausklang im Ostseebad Travemünde." Kraki schwieg, zu diesen Äußerungen fiel ihm nichts mehr ein. „Wo willst du hin?", japste Mecki, die ihrem Möwenmann kaum folgen konnte.

Nachdem sie sich am Bahnhof von ihrem Platz auf der digitalen Uhr erhoben hatten, flog Kraki im Turbotempo. Dabei wusste er genau, dass Mecki es hasste unmittelbar nach dem Mittagessen so schnell zu fliegen. Als sie die Villa Wellengeflüster erreicht hatten, verlangsamte Kraki seinen Flügelschlag. Er machte Mecki ein Zeichen, ihm zu dem nahegelegenen Baum zu folgen, der im Vorgarten des Hauses stand. Mecki schnappte nach Luft und war zunächst völlig außer Atem. Ein wenig wunderte sie sich über Kraki. Warum war er nur mit ihr zu der Villa geflogen? War er am Ende doch neugierig? Eine Weile passierte nichts, sie saßen auf dem Ast und ließen das Haus nicht aus den Augen. „Warum sind wir hier?"

„Damit du den Rest deines großen Kinofilms nicht verpasst und ich ab heute Nachmittag meine Ruhe habe", brummte Kraki. Mecki begann mit ihrem Schnabel Krakis Gefieder zu liebkosen. Er liebte das und begann leicht zu brummen. Liebevoll betrachtete sie ihn und war wie so oft froh, ihn stets an ihrer Seite zu wissen.

Hoffentlich sind wir hier bald fertig, dachte Kraki. Insgeheim träumte er von einem erholsamen Nachmittagsschläfchen auf der Mastspitze des DRLG-Turms.

„Da", zeigte Mecki plötzlich mit ihrem rechten Flügel nach unten, „das dachte ich mir. Rita hat recht gehabt!" Kraki blickte in die von ihr angedeutete Richtung. Sie sahen Theos Sohn Frank, der nacheinander mehrere große mit Decken verhüllte Gegenstände in die Villa schleppte.

„Was macht der da?", fragte Kraki.

„Er bringt die Bilder zurück", triumphierte Mecki. „Guck mal, Theos Jaguar steht nicht in der Auffahrt, er ist bestimmt bei Doris im Krankenhaus."

„Und wenn er zurückkommt, sind die angeblich gestohlenen Kunstwerke wieder da?", fragte Kraki ungläubig.

„So ist es. Und das Bargeld sicher auch", nickte Mecki.

„Aber Theo wird doch sofort merken, dass sein Sohn der Dieb war."

„Wenn er es merken will", meinte Mecki, „du weißt doch, dass die Menschen wahre Künstler der Verdrängung sind." Krakis Magen knurrte.

„Lass uns zum Fischereihafen fliegen, vielleicht finden wir noch einen Nachtisch", schlug er seiner Frau vor und erhob sich in die Luft. Sie folgte ihm gerne, denn sie verspürte auch wieder Hunger.

Auf ihrem Weg zum Hafen dachte Mecki über den diesjährigen Jahresausklang in Travemünde nach.

Es waren aufregende Tage gewesen. Die Landfrauen hatten zusammen mit ihren Freunden das Ostseebad ordentlich auf den Kopf gestellt. Doch Mecki fand das prima. Endlich war mal richtig was los gewesen. Nicht nur das übliche Feuerwerk zu Silvester. Das Bootsdeck auf dem Priwall würde bleiben, da war sie sich sicher. Schon oft hatte sie mit Kraki im Sommer auf seinem Dach gesessen und am Abend, wenn die großen Schiffe hinausfuhren, träumerisch hinterher gesehen. Für sie gab es nur ihr kleines Städtchen Travemünde, was mochte es da draußen in der Welt wohl alles zu entdecken geben? Sie verwarf den Gedanken gleich wieder. Hätte sie mit Kraki die Welt erkunden wollen, hätten sie das schon vor Jahren machen sollen. Heute waren sie zu alt dafür. Aber sie war glücklich hier in Travemünde und zufrieden mit ihrem Möwenleben. Das war doch das Wichtigste. Und vielleicht würden Rita und Rosi auch mal wiederkommen, darauf freute Mecki sich schon heute. Kraki hing ebenfalls seinen Gedanken nach. Auch er dachte über das Alter nach, allerdings nicht über verpasste Träume. Er fragte sich, ob Mecki, wenn er mal vor ihr gehen sollte, sich einen neuen Möwenmann suchen würde. Diese Vorstellung gefiel ihm gar nicht. Menschen schienen das durchaus zu tun. Möwen auch? Diese Landfrauen aus Wülferode und ihre Freunde hatten ihn mit ihrem Leben sehr bewegt, wenn er das auch nie offen zugeben würde, schon gar nicht gegenüber seiner Möwenfrau. Insgeheim hoffte er, dass Rita und Rosi nicht so schnell wieder nach Travemünde kommen würden, denn normalerweise bevorzugte er das einfache, unbeschwerte Leben ohne viele Grübeleien.

Inzwischen hatten sie den Fischereihafen erreicht und Mecki rief erfreut: „Schau mal Kraki, da liegt ein großes Stück Aal." Aufgeregt deutete sie auf einen Steg aus Holz, an dem tagsüber ein Fischkutter ankerte und seinen frischen Fisch direkt vom Boot heraus verkaufte.
„Der alte Fischer ist gar nicht da", bemerkte Kraki.
„Vielleicht hat er seine Waren für heute schon abverkauft", mutmaßte Mecki.
Kraki nickte und schob seine negativen Gedanken zur Seite: „Jetzt wird der Nachtisch verspeist", schnatterte er seiner Möwenfrau zu, „und dann geht es zu einem gemütlichen Nachmittagsschläfchen." Er brauchte einfach Ruhe nach den letzten aufregenden Tagen.
„Naknaknaknak", stimmte Mecki zu und gemeinsam setzten sie zum Landeanflug auf den Steg an. Mecki war überaus glücklich über Krakis Nachmittagspläne. Die Ereignisse der letzten Tage hatten auch sie ein wenig mitgenommen, was sie natürlich niemals offen zugeben würde.

Ende

Danke

Lieber Leser, ich hoffe, Sie hatten vergnügliche und spannende Stunden mit den Landfrauen und ihren Freunden in meinem Heimathafen Travemünde. Ich hoffe, dass Ihnen auch mein Travemünder Möwenpaar ans Herz gewachsen ist. Große Teile dieses Buches habe ich in Travemünde geschrieben und zwar in einer Wohnung, die sich in der schönen Villa mit dem Glastürmchen befindet. Es ist für einen Autor ein wunderbares Gefühl mitten in seinem eigenen Schauplatz zu sitzen und zu schreiben. Eines Tages saß ich auf dem kleinen Balkon und zwei Möwen umkreisten laut schreiend das Haus. Sie störten mich in meiner Konzentration, und so sah ich ihren Flugkünsten eine ganze Weile zu. In diesem Moment entstand die Idee mit Kraki und Mecki und der fiktiven Perspektive auf die Ereignisse zu blicken.

Dies ist mein zweites Buch, das im Verlagshaus el Gato in Berlin erschienen ist und ich danke meiner Verlegerin, Andrea, für ihr Vertrauen. Auch dieses Mal verlief die Zusammenarbeit auf Augenhöhe und mit gegenseitigem Respekt. Dazu hat natürlich auch meine Lektorin Kathrin Andreas beigetragen, die schnell einen Zugang zu meinen Protagonisten fand, die schon in mehreren Büchern leben. Kallis Platt übersetzte wie immer Margrit Hammar von der Niederdeutschen Bühne Lübeck. Fest an meiner Seite und immer mit guten Ratschlägen während der Entstehung, stand mein Agent Hubert Quirbach. Bedanken möchte ich mich ebenfalls bei meinem Mann Dirk, meinen Eltern und vielen guten Freunden, die stets nach dem aktuellen Stand des Werkes fragten und mich motivierten.

Wenn Sie mich persönlich einmal in Travemünde treffen möchten, dann suchen Sie die im Buch beschriebenen Orte auf, die zwar andere Namen tragen, aber bestimmt gut zu finden sind. Inges Bootsdeck auf dem Priwall werden Sie allerdings vergeblich suchen, denn diese Gaststätte ist meiner Fantasie entsprungen, ebenso wie die Handlungen im Buch rund um das Projekt Waterkant.

Über Lesermeinungen und ein Feedback freue ich mich immer sehr.
www.brina-stein.de

Naknaknak,
Ihre Brina Stein

von Brina Stein erschien im Verlag 2017 bereits:

115 Tage an Tisch 10 - Wellengeflüster auf Weltreise

ISBN: 978-3-946049-09-8
oder als e-Book
eISBN: 978-3-946049-15-9

Inhalt:

Völlig unterschiedliche Charaktere erfüllen sich den Traum von einer Kreuzfahrt um die Welt. Viel gemeinsam haben sie nicht, aber allabendlich sitzen sie an dem selben Tisch des Kreuzfahrtschiffes Kosta Onda. Zunächst sehr distanziert, lernen sie sich und fast nebenbei die Welt kennen. Ihre Reise führt sie von Italien rund um Südamerika, durch die Südsee, Australien und um Südafrika herum wieder nach Italien. Nach und nach entwickeln sich Freundschaften und ihre Leben scheinen für 115 Tage ineinander zu verschmelzen. Neben lustigen Anekdoten, die auf wahren Erlebnissen beruhen, beschreibt und vermittelt Autorin Brina Stein aber auch Wissenswertes über Land und Leute. Zudem nimmt sie ihre Leser mit zu den schönsten

Plätzen, die sie selbst auf ihrer Weltreise entdeckte. Und das waren einige, in 115 Tagen. Das Buch endet mit der Beschreibung des letzten Abends an Bord, der schließlich zeigt, dass die zusammengewürfelte Gruppe an Tisch 10 in der Welt zusammengewachsen ist und sogar schon ein Wiedersehen plant, was zu Beginn der Kreuzfahrt sicher niemand gedacht hätte.

Lesermeinungen:
  - Interessant und unterhaltsam (SaRa)

  - Als ideale Urlaubslektüre, aber ebenso zum Abtauchen in fremde Welten während kühler Wintertage empfehlenswert. (Mara)

  - Das Buch hat mir insgesamt gut gefallen, es ist leicht und flüssig geschrieben und ideal zum Relaxen auf dem Sofa, oder als Urlaubslektüre im Strandkorb zu empfehlen. (Amazon Kundin)

  - Vor diesem Buch habe ich noch nichts von Brina Stein gelesen, so dass ich die Figuren nicht kannte, aber das ist für diese Weltreise-Geschichte auch gar nicht notwendig. Wenn ich nun einzelne der Passagiere ‚wiedersehen' möchte, weiß ich, dass ich dies schon in den beiden vorhandenen Jahresausklang-Geschichten machen kann. Vielleicht gibt es ja auch noch das Wiedersehen von Tisch 10 auf Sylt zu lesen? (Gelis)

von Brina Stein erschien im August 2017 ebenfalls im Verlag das kostenlose Bonus e-Book
zum 15-jährigen Kreuzfahrtjubiläum der Autorin

Hochzeit auf Niedersächsisch –
Wellengeflüster in Wülferode

e-ISBN: 978-3-946049-18-0

Leseprobe:

Ina blickt hinüber zu ihrem Wecker, dieser zeigt 4 Uhr 20. Genervt rollt sie sich auf die andere Seite und schüttelt ihr Kopfkissen neu auf.

„Kannst du auch nicht schlafen?", fragt Basti leise.

Froh, seine Stimme zu hören, kriecht sie ein wenig näher zu ihm heran. „Nein, und in einer guten halben Stunde wird Filippa aufwachen und ihre Flasche haben wollen."

Basti sieht hinüber zu der Wiege, die am Fußende ihres gemeinsamen Bettes steht. „Noch schläft sie", meint er.

„Beschreie es bloß nicht", murmelt Ina. Gegen Mitternacht hatte sie ihrer vier Monate alten Tochter das letzte Mal die Flasche gegeben und bereits da war sie so müde, dass sie dabei fast eingeschlafen war.

„Grrrrrrrrrrrrr", knurrt es vorwurfsvoll aus der anderen Ecke des Schlafzimmers.

„Siehst du, nun hast du Herrn Schmitt aufgeweckt", meint Ina. Als der Hund seinen Namen hört, springt er sofort aus seinem Körbchen und setzt sich neben das Bett. Freudig wedelt er erwartungsvoll mit dem Schwanz.

„Der muss mal", weiß Basti.

„Gehst du?", fragt Ina.

„Ja, sicher", meint er, setzt sich auf und schlurft durch das Schlafzimmer um das Bett herum. Als er zurückkommt, sieht er kurz nach seiner Tochter, doch sie schläft noch. Er kuschelt sich zurück ins warme Bett.

„Ich bin so aufgeregt", beginnt Ina.

Basti gähnt demonstrativ und hofft so, noch eine Mütze Schlaf nehmen zu können.

„Du nicht?", will sie wissen.

„Ja, doch klar", antwortet er.

„Na, das klingt ja cool. Hör mal, heute ist der große Tag, wo Sebastian Joeris seine Frau Ina Joeris endlich auch kirchlich heiraten wird. Und außerdem ist es der Tauftag unserer Tochter Filippa."

Statt einer Antwort, nimmt Basti seine Frau in den Arm.

„Sie werden alle kommen" plappert Ina munter weiter.

„Oh ja", sagt Basti, „und deine Mädels, die rüstigen Landfrauen, werden bestimmt wieder einige Katastrophen verursachen. Hoffentlich gibt es nicht wieder was zu ermitteln." Kichernd wirft Ina mit dem Kopfkissen nach ihrem Mann.

„Was soll es bei unserer kirchlichen Hochzeit schon zu ermitteln geben?", lacht sie auf.

Eine Übersicht aller lieferbaren Titel finden Sie auf
http://verlagshaus-el-gato.de
Besuchen Sie unsere Fanpage auf Facebook:
https://www.facebook.com/Verlagshaus.el.Gato
twitter: #VerlagElGato